JN410094

이분이 네 어머니시다

서달희 수필선집

교음사

하느님의 뜻은 항상 저희들을 돌보소서.
또한 여기 없는 제가 기도로 도움을 줄 수 있는
모든 이를 도와주소서.
지금까지 베풀어 주신 모든 은혜 감사드리나이다.
아멘.

서달희 수필선집

1. 모닝글로리

3. 풀꽃 같은 향내로

1

모닝글로리

누 죽 걸 산

'누우면 죽고 걸으면 산다.' 힘들다고 앉아만 있는 사람들에게 걷기운동을 권유하는 한글 사자성어이다. 처음에는 이게 무슨 말이지? 의아했는데 뜻을 알고 보니 웃음이 나며 아주 적절한 한글로 된 사자성어가 반갑다.

올해의 사자성어라니 한문으로 된 사자성어를 읽으며 이게 글이야, 욕이야, 어지러웠다.

과이불개(過而不改): 잘못하고도 고치지 않는 것, 이것을 잘못이라 한다.

묘서동처(描鼠同處): 도둑 잡을 사람이 도둑과 한패가 됐다. 고양이가 쥐와 함께 산다는 것.

욕개미창: 덮고자 하면 더욱 드러난다.

누란지위: 여러 알을 쌓아 올려놓은 듯한 위태로움.

문과수비: 과오를 그럴싸하게 꾸며대면서 잘못된 행위

에 순응하는 것.

아시타비(我是他非): 나는 옳고 남은 그르다.

군맹무상: 여러 맹인이 코끼리를 더듬는다. 즉 자기의 좁은 소견과 주관으로 사물을 그릇 판단함.

의미 있고 좋은 한자성어도 참 많은데, 올해의 발표된 사자성어는 읽기조차 어색하다. 과이불개, 옥개미창, 누란지위, 문과수비, 묘서동처, 아시타비, 군맹무상… 한숨이 나온다. 꼭 한문으로 된 사자성어가 있어야만 무슨 뜻인지를 알 수 있는지 아예 한글로 다듬어서 만들 수는 없는지 학자들이 고민할 일들인 것 같다.

한문을 배우지 않고는 도저히 이해가 되지 않는 사자성어이다. 왜 꼭 한문으로 된 사자성어를 발표해야만 되는지 이해도 안 되려니와 아름다운 우리 한글을 두고 언제까지 공자 왈, 맹자 왈 하면서 살아가야 하는지도 다시 한번 생각해 볼 일이다. 이제는 국어학자들이 힘을 모아 이해도 안 되는 한문 사자성어 말고 한글로 된 아름답고 이해하기 쉬운 한글로 만들어 주길 기대한다.

사자성어의 어려운 한문을 아예 한글로 표현해서 쓰면 더 좋을 텐데 이상야릇하기까지 한 한문을 꼭 넣어서 만드는 것은 이제 그만하면 좋겠다. 유식한 듯 보이지만 내 생각에는 이젠 지양해야만 될 것 같다.

예를 들어 '수욕정이풍부지'(한자를 찾아 넣기도 싫다.) 나무는 조용하고 싶어도 바람이 그치질 않고도.

'자욕양이친부대'는 '자식이 효도하려 해도 부모가 기다려 주지 않는다.' 이렇게 한글로 표현하면 더 정이 가는 문구가 아닌가? 꼭 사자성어가 아니면 어떠랴.

대학 교수님들께 부탁드린다. 내년부터 사자성어는 그만 발표하시고 아름다운 한글로 표현해 주시면 좋겠다.

『수필문학』 12월호에 실린 글 중에서 읽은 글이 마음에 와닿아서 몇 번을 읽었다. 영국의 옥스퍼드 언어학 대학에서는 세계 모든 문자를 순위를 매겨놓고 있는데 자랑스럽게도 한글이 1위라고 한다. 세계의 수많은 역사가, 언어학자, 교수, 노벨상 수상자들이 한글을 극찬하고 한국학자들이 불참한 가운데 세계 언어학자들이 모인 프랑스의 학술대회에서 한국어를 세계 공통어로 썼으면 좋겠다는 토론이 있었으며 영국의 언어학자 Geoffrey Sampson은 '한글이 한국인을 위해 생각해 낼 수 있는 모든 문자들 가운데 최고이든 아니든 간에, 한글은 의심할 여지없이 인류의 가장 위대한 지적 성취 중 하나로 꼽혀야 한다.'고 했다.

불립문자(不立文字), 교외별전(敎外別傳), 직지인심(直指人心), 어불성설(語不成說)처럼 말의 의미를 하찮게 여기는 경우도 있지만, 언어철학에서는 말이 사람됨을 만들고 나아가 인간의 실존을 창조한다고 한다.

한문만이 세계 최고인 양 사용할 때도 있었고 한글을 언문이라 폄하하던 때도 있었지만 이제는 이렇게 편하게 쓰고 읽을 수 있는 한글이 세계 공통어로 사용되기를 기대하게 된다.

김미숙의 가정 음악을 듣고 있었다. 음악들이 마음에 위로가 되고 또 활력소가 된다. 그래서 시간 날 때면 듣고 있다. 그곳에 사연을 남기는 애청자들이 많은데 아이디가 한결같이 영어로 되어 있다. 나에게 반갑다고 인사들을 하는데 한글이 아닌 영어로 된 아이디가 누구인지 댓글 남기는 것도 부담이 되어서 지나치게 된다.

쉽게 쓰고 읽으라고 만들어 주었더니 뭐하는 짓들이냐고 세종대왕님이 나무라실 것 같다고 댓글을 남겼더니 한 애청자분이 'sdh님 오후에 광화문에 가는데 세종대왕님께 말씀드릴게요.' 재치 있는 답글에 그나마 위안을 삼았다. 그러고 보니 내 아이디도 영어로 되어 있다. 나부터 예쁜 내 이름으로 바꿔야지….

그동안 우리나라 사람들이 문맹으로 지낼 때 공자님이 만들어 주신 지침서로 인해서 사람답게 사는 법을 배우며 살았다. 조선시대 선비들이 한문을 배워서 나라를 잘 이끌어 주고 나라에 기강이 서고 사람답게 사는 법을 알려주셨기 때문에 대한민국이 심성이 착한 백성들이 되었다고 생각된다.

어느 수필가님의 글 중에 시어머님이 벽에 걸린 가훈 '착하고 아름다워라'를 보시며 저게 무슨 가훈이냐고 하자 손녀가 "그럼 할머니가 원하는 가훈은 뭐예요?" 여쭤보니까 '奉祭祀接賓客(봉제사접빈객)'이 우리집 가훈이라고 하셨다고 해서 옳은 말씀이었는데도 왜 그랬는지 폭소가 터졌었다. 조상 제사 잘 지내고 손님 접대 잘하는 것이 으뜸이라고 생각하며 사셨던 부모님들 덕에 그나마 사람답게 살고 있다. 그런데 손녀가 알아들을 수 없는 가훈을 써 붙인들 무슨 소용이 있을까, 깊이 생각해 볼 일이다.

인터넷방송인 관악방송에서 이성화 아나운서님이 진행하시는 「쾌지나 청춘」 프로를 듣고 있었다. 그날 게스트로 나오신 분이 성우이고 탤런트이신 이종구 선생님이셨는데 바른말 연구소 소장님이라고 한다.

이희승 선생이 국어 순화라는 명목하에 말글을 훼손시켰다며 통탄을 하신다. 바뀐 단어들을 보며 나도 기가 막혔다.

TV 조선을 시청하다가 말문이 막히는 장면을 보았다. 사회자가 '법압에'라고 하는데 저게 무슨 말일까? 생각하다가 혹시 '법앞에'를 말하나 싶어 심각한 지경에까지 이르렀구나, 한숨이 나온다.

한글이 망가지는 게 보인다. 한글학자들이 더 망가지기 전에 바로 잡아야 되지 않을까 제안 드리고 싶다.

지금부터라도 올바른 한글교육을 시켜야 한글이 세계 공통어가 되지 않을까?

2022. 12.

모닝글로리

이런 행복을 만날 수도 있다니, 나팔꽃 피는 동안 아침마다 행복을 한 아름씩 안았다. 어느 날 아침에 부엌 창문을 열었는데 담장에 파란 꽃이 보여서 무슨 꽃이지? 의아해서 자세히 내다보니 시골에서 자랄 때 이따금 풀 속에서 보았던 나팔꽃이었다. 아니, 무슨 나팔꽃이 피었지? 한걸음에 나가보니 꽃 두 송이가 함초롬히 피어있다. 얼마 전부터 넝쿨이 보였지만 무심히 지나쳤다. 옆에 있는 무화과나무에만 정신을 쏟았다. 얼어 죽었던 나무가 새잎이 보이는가 싶더니 내 키를 훌쩍 넘었다. 맨 위에 열린 열매를 따려면 사다리를 놓아야 할 정도로 자랐다. 열매도 20여 개나 땄다. 그야말로 속성으로 쑥쑥 자랐다.

그런데 나팔꽃이었다니, 생전 처음 보는 꽃처럼 기쁨이 무지개처럼 피어올랐다. 올여름에는 유난히도 무지개가 많이 떴다. 눈높이에서 뜨는 무지개가 하도 신비스럽고 아름다워서 서서히 사라질 때까지 하늘을 바라보곤 하였다.

매일 아침마다 나팔꽃을 만나는 기쁨으로 하루를 시작하게 된다. 그리고 청색 나팔꽃은 처음 본다. 매일같이 몇 송이씩 늘어난다. 아침이 매일 즐겁다. 두 송이로 시작해서 제일 많이 핀 날에는 33송이까지 피었다. 아침마다 꽃송이를 세어보는 즐거움이 어릴 때 꽃밭에서 만났던 각종 꽃들보다 몇 배의 기쁨으로 다가온다. 몇십 년 만에 우리 집 담장에서 만난 꽃, 그것도 신비스런 청색이라니 더 없이 감사하다.

그런데 꽃이 너무나 짧게 피었다가 꽃잎을 닫아버린다. 9시만 넘으면 벌써 시들어서 안타깝다. 안타깝다고 했더니 후배 수필가가 오죽하면 노래 가사에 '나팔꽃처럼 짧은 사랑아' 하는 가사가 있겠어요? 하여서 슬픔마저 느끼게 한다. 보고 싶은 사람이 다니러 왔다가 급히 가 버리는 것만큼이나 섭섭하다.

하루는 나만 좋아하는 것 같아서 남편한테 저 꽃 좀 보라고 하였다. 내다보더니 "무슨 꽃이지?" 하며 별로 감흥이 없다. "자세히 좀 보세요. 저 색깔 하며 얼마나 신비스러워요? 심지도 않았는데 어디서 씨가 날아왔는지 몇십 년 만에 다시 만난 꽃이에요."

옆집 친구를 불러다 나팔꽃 좀 보라고 자랑하였더니 나팔꽃이네, 하며 쳐다보기만 할 뿐 별 감탄사가 없다. 서울 불광동에 살 때에 자기 집에도 많았었다고 하며, 희한하다. 나는 꽃만 바라보아도 하루의 행복이 가슴에 꽉 차는데 어떻게 예쁘다는 말 한마디 안 할까 의구심마저 든다. 나도 모르는 사이에 자라서 피는 나팔꽃 때문에 나만 나팔꽃 신드롬에 빠졌나 보다.

일찍 피는 것 같아서 몇 시쯤 피는지 내 딴에는 일찍 내다보는데 이미 피어있다. 도대체 몇 시에 피는 거지? 며칠을 내다보지만 번번이 피어있는 꽃을 보게 된다. 하루는 작정을 하고 꽃마중을 하려고 부지런을 떨었다. 여명이 밝기도 전에 피는지 희미하게 벌써 꽃송이가 보인다.

아침만 되면 창문을 열고, 그리운 사람이 기다리고 있기나 한 것처럼 가슴을 설레며 내다보게 된다. “어머나! 오늘은 스물세 송이나 피었네.” 오늘도 감탄사가 터진다. 하나, 둘, 셋, 넷 매일 꽃송이를 세느라 초등학생이 산수 공부를 하는 것처럼 자랑스럽다. 빠트린 꽃이 보여서 몇 번씩 다시 세기도 하며.

9월까지 매일 행복을 안겨주더니 날씨가 추워지니까 씨만 주렁주렁 매단 채 슬그머니 꽃을 감추고 말았다. 정성껏 씨를 받았다. 내년에는 온 담장에다 파란 나팔꽃을 가득 심어야지.

부여로 처음 이사 와서는 담장 밑에 오이를 심었다. 하루에 아침저녁으로 딸 정도로 오이가 주렁주렁 열려서 웃음을 달고 살았는데 올해는 오이, 호박이 열리지를 않아서 일기 탓인가 아쉬운 채로 지냈다. 그랬는데 오이 대신 나팔꽃이 허전함을 채워주니 기쁨이 꽃송이만큼이나 주렁주렁 달린다.

하느님! 내년에는 담장 길이만큼 나팔꽃을 심어놓고 어느 곳을 쳐다보든지 꽃송이만큼의 행복을 만들어 가겠습니다. 창조의 신비를 새삼 느끼며 기쁘게 살아가겠습니다.

2023. 11.

할머니! 이 나무 가지고 가야지요

봄은 생명의 계절이어서인지, 봄만 되면 비록 화분이지만 무슨 나무라도 심고 싶어 마음이 설렌다. 네 살짜리 손자를 데리고 꽃시장으로 사과나무를 사러 갔다. 나무를 사러 가는 길에 우리는 벌써 행복했다. 차창으로 보이는 하늘에서 구름이 흘러간다고 좋아하는 손자가 시인의 마음을 가진 듯하여 동행하는 기쁨이 더 크다.

나무와 화분을 사고 계산을 한 뒤에 바로 차에 올랐다. 그랬더니 서진이가 "할머니! 이 나무 가지고 가야지요?" 하며 지키고 서 있다. 서진이가 없었으면 나무와 화분은 그곳에 둔 채 빈 차로 집까지 와서 황당해하였을 것을 생각하니 웃음만 난다. 얼마 전에도 장난감 가게에서 로봇을 사고 계산을 한 뒤에 자연스럽게 그냥 나왔다. 물건값만 치르면 되는지, 그때에도 할머니, 이 로봇 가지고 가야지요, 하며 챙겨 가지고 나온다. 아무래도 어린 서진이를 내 비서 삼아 어디든 동행해야만 될 것 같다.

화분이었지만, 꽃도 피고 잘 자라던 나무가 열매를 맺기 전에 진드기 때문에 죽고 말았다. 그 전해엔 매실을 심었다가 실패하였었다. 금년에는 무슨 나무를 심을까 고민하다가 TV에서 보니 무화과나무는 병충해에 강하고 열매도 잘 열린다는 것을 알게 되었다. 즉시 어느 농원에 주문하여 두 그루를 심었다.

4월이 되니 뾰족뾰족 새싹이 돋기 시작한다. 하도 신기해서 들고 날 적마다 들여다보게 된다. 5월이 되자 정말 꽃도 없이 가지 사이사이에 콩알만 한 열매가 달리기 시작한다. 한 그루는 층계 맨 위에다 올려다 놓았기 때문에 햇빛을 많이 받아서인지 하루가 다르게 자랐다. 그러다가 어느 날 갑자기 커지더니 자주색으로 변해 있다. 날씨만 좋아도, 바람만 살랑살랑 불어와도 기분 좋아지는데 이런 광경이 얼마나 좋은지 매일 웃음을 달고 산다.

그런데 층계 밑에 있는 나무는 열매는 많이 달렸는데 어느 정도 자라더니 더 이상 크지를 않고 있다가 떨어져 버렸다. 똑같은 나무인데 왜 그럴까 이해가 안 되었다. 얼마 있더니 또 열매가 8개나 달렸다. 그런데 이번에도 더 이상 자라지를 않는다. 층계 위에 있는 나무에서는 잘 익은 열매를 몇 개씩이나 따는데 아래에 있는 나무에서는 자라지도 익을 생각도 안 한다. 혹시 햇볕이 부족해서 그런가? 하는 생각이 들고 저러다가 또 떨어지는 게 아닐까 싶어 좁은 공간이지만 옮겨줘야겠다는 생각이 불현듯 들었다.

옮기려는 생각이 들자 열매가 금방이라도 떨어질 것처럼 마음이 바빴다. 남편이랑 나는 도저히 옮길 수 없는 무게라 지나가는 대학생 두 명에게 무조건 부탁을 하였다. 둘이 번쩍 들더니 계단 위로 단숨에 옮겨다 준다. 너무나 대견스럽다. 나도 저 정도는 번쩍번쩍 들던 때가 있었는데, 하는 생각이 나서 아쉬움만 커진다.

하루 종일 햇빛을 받고 서 있는 무화과나무를 바라보며 참 행복하다는 말이 몇 번씩 나온다. 이젠 열매가 자라서 자줏빛으로 익을 날만 기다리고 있다. 무화과 나뭇잎도 온종일 영양분을 받으며 불어오는 바람에 살랑살랑 손을 흔든다. 잎 모양이 손처럼 생겨서인지 더 그렇게 보인다. 며칠 후면 일조량이 얼마나 중요한지를 알게 될 것이다. 일상적인 조그만 일들이 우리를 얼마든지 행복하게 해 준다는 것을 느끼며 산다.

우리 집은 고려대학교 이공대 옆이라 대학생들이 매일 지나다닌다. 젊은이들이 많이 다니니 나까지 활력이 생긴다. 이 모든 일들이 감사할 뿐이다.

나 안암동에서 살고 싶어요

서진이를 데리러 역삼동에 갔다. 손자를 차에 태우고 돌아오는데 골목을 나와서 큰길에 접어들자, 뒷좌석에 앉아있던 서진이가 느닷없이 "할머니! 나 영원히 안암동에서 살면 안 돼요?" 한다.

영원이란 단어를 사용하는 게 신기해서 아니 왜? 물으니 "그냥요. 안암동에서 그냥 살고 싶어요." 한다. 대답을 잘해야 될 것 같아서, 그래도 되지만 유치원이랑 또 내년에 초등학교 다녀야 하는데, 그건 어떡하고? 유치원도 옮기고 학교도 안암동에서 다닐 거야? 하고 물었더니 그건 안 되겠는데요…, 한다.

내가 웃으면서 너 안암동에 오면 만화영화도 많이 보고 윷놀이 하면서 놀고 싶어서 그러지? 안암동에서 살면 역삼동에 있을 때처럼 만화영화도 많이 못 보고 놀지도 못

해. 지금처럼 숙제도 해야 되고 다른 공부도 많이 해야 돼, 그런 거 안 하고 놀기만 하면 학교 가서 꼴찌 할지도 몰라, 그러면 이 세상에서 쓸모없는 사람이 될 텐데. 그랬더니 가만히 듣고 있다.

예고도 없이 간 일이라, 그런데 오늘 할머니가 너 데리러 온 거는 잘한 일이야? 못한 일이야? 하고 물었더니 큰소리로 잘한 일이지요, 한다. 언젠가도 안암동에 와서 있을 때인데 숙제를 하다가, 할머니! 나 힘들어요, 하기에 뭐가 힘들어? 이렇게 숙제하고 공부하는 거 때문에? 그런데 너는 힘이 안 드는 거야. 너는 숙제하는 문제들이 쉬운지 연필만 잡으면 금방 끝내잖아. 할머니는 옛날에 숙제할 때 너무 어려워서 얼마나 힘이 들었다고, 누가 가르쳐 주지도 않았어. 그런데 너는 다 아는 문제들이라 금방 하는데 뭐. 서진이 최고야, 하고 다독여주었다. 그래도 안쓰럽기는 하다. 그 어린 나이에 영어며 한자 공부며 하는 걸 보면 어깨가 무거워 보인다. 내가 자랄 때는 공부는 뒷전이고 열심히 놀던 생각이 나서 요즘 아이들이 불쌍해 보인다.

지난주에 또 데리러 갔을 때이다. 강남대로를 달리는데 이 건물 저 건물 다 보며 오다가 차병원 앞쯤 오니까 "할머니! 저기 차병원 보인다! 저기가 서진이 태어난 병원이에요." 한다. 그 병원 앞을 지날 때마다 말했었다. "나도 알아. 너 태어날 때 할머니도 병원에 와서 기도하며 너를 기다리고 있었잖아."

할머니가 옛날에는 아빠랑 고모 때문에 행복했었는데, 이젠 서진이 때문에 또 행복한 마음이 자꾸만 드네, 하니까 저도 기분이 좋은지 웃는다.

기쁨을 주던 아이들이 커서는 기대에 부응하지 못한다. 그런데 그 기대라는 게 부모의 욕심일 뿐이다. 물질에 초점을 둘 때가 있는 것 같아서다. 하지만 자랄 때 총명하고 슬기로운 모습을 보여준 것만으로도 이미 효도를 다 받았다.

한자 쓰기 숙제를 하는데 옆에서 보니까 百 千 億 자를 쓰고 있다. 내가 億 자를 가리키며 이 글자는 어떻게 쓰는 게 맞는 거야? 했더니 "할머니, 이 글자는요. 사람인변에 소리음에 마음 심 자를 쓰면 돼요." 하는데 속으로 놀랐다. 그리고 정확하게 획을 긋고 쓴다. 이따금 "할머니! 나는 한자 128자 쓸 줄 알고요. 역삼동 할아버지는 3000자를 아신대요. 할머니는 몇 자 알아요?" 하고 내 실력을 떠보는 듯할 때가 있다.(아유 요 건방진 게) 할머니도 천자는 알지, 하고 대답은 하였지만 그동안 잊어버린 것도 있을 것 같아서 다시 복습해 놓아야 될 것 같다. 손자한테 망신당하지 않으려면. 이 세상에 아이들이 없으면 무슨 재미가 있으며 또 무슨 희망이 있을까.

그런데 서진이 때문에 걱정이 하나 있다. 외갓집에서 살다시피 하다 보니 아직 주의 기도도 못 외우고 있다. 그래서 작년인가 서진이한테 하소연처럼 한 말이 있다. "서진아, 어떡하면 좋으냐. 아직 주의 기도도 할 줄 모르니, 영어나 한문을 잘하는 것도 좋은 일이지만 주일학교도 다니고 해야 되는데. 아빠와 고모는 아기 때부터 기도할 때면 꼭 옆에 앉아서 같이 기도했어.” 영어와 한자 공부, 잘 시켜주시는 외할아버지는 아예 외인이시고, 외할머니는 무릎이 아파 성당에도 못 다니시고, 엄마 아빠는 주말에나 만나고 나름대로 바빠서 못 챙기고….

그래도 안암동에 오면 성호경, 주의 기도, 성모송은 잘 따라 한다. 언젠가는 역삼동에 가면서 주의 기도랑 적어 달래서 가지고 가기는 했지만, 아직 어리다 보니 챙겨서 하지를 못하는 것 같다. 어려서부터 신앙심도 심어주어야 하는데 그러지를 못해서 걱정이다. 어미가 잘 보살펴서 데리고 다녀야 하는데 무슨 일인지 저마저 쉬는 자가 되었으니 나만 애가 탄다. 손자를 만날 적마다 행복한데, 이런 서진이가 조물주 하느님을 알아갈 수 있도록 가르치기를, 어미한테 다시 당부해야겠다.

이다음에 훌륭한 사람 되면

경원이가(라파엘) 아기일 때 머리를 빡빡 밀어주었다. 땀이 나니까 자꾸 머리를 긁어서 깎아 주었다고 한다. 앞뒤가 나온 머리가 어찌나 야물게 보이는지, 밤톨 같다.

중복이라고 경원이네랑 태릉으로 저녁을 먹으러 갔다. 식사를 마치고 경원이를 안고 나와서 배나무 밑에서 시원한 바람을 쐬고 있었다.

지나가던 어떤 아저씨가 경원이를 보더니 아주 잘 생겼다며 이다음에 큰사람 되겠다고 손을 잡으며 한마디 한다.

"너 이다음에 훌륭한 사람 되면 이 아저씨 좀 알아주라"고 한다.

그 말이 그냥 흘려들어지지가 않고 덕담으로 들린다.

왠지 마음에 새겨들었다.

그때 한 말이 영원히 살고 있는, 그래서 천사로 다시

태어나 힘든 사람들에게 위로를 전해주는 라파엘이 되었나 보다.

경원이 할아버지께서 영세를 받으시는 날, 가족이 모두 영세식에 가서 내가 선영이와 경원이를 봐주게 되었다. 아이들과 산책을 하려고 선영이 점퍼를 입히는데, 경원이가 그 옷이 자기 옷이라고 울며 난리다. 할 수 없이 경원이에게 입혀서 아파트 산책로를 한 바퀴 돌고 들어왔다. 이런 과정에서 내가 경원이에게 하는 소리로 "그 옷이 누나 옷인 줄도 모르고 자기 옷이래." 하니까 선영이가 그 말을 받아서 "사진도 못 봤나 봐 내가 그 옷 입고 찍은 사진이 많은데." 한다. 그러게 말이다. 아무것도 모르면서 떼만 쓰고….

영세식이 끝난 후 축하식에서 케이크에 촛불을 끄려고 할아버지, 선영이, 서현이가 입을 모아 훅 불려는 찰나, 경원이가 누나들을 제치고 들어가서 단숨에 촛불을 끄는 바람에 모여 있던 가족들이 손뼉을 치며 웃었다. 경원이의 하는 행동이 재미있었다. 경원이가 3살 때 일이다. 날쌘돌이처럼 똑똑하기도 하더니….

문득문득 보고 싶은 경원아, 우리가 너를 만나러 갈 때까지 기도해줘, 보고 싶지만 참고 지낸다. 낙서장에서 이 글이 보여서 경원이가 생각날 때마다 읽으려고 옮겨놓았다.

정한모 시인을 기리며

벚꽃이 눈처럼 바람에 흩날리던 날, 10여 명의 부부 팀이 보령 오천에 있는 갈매못 순교자성지를 향해 가고 있었다. 봄바람이 품속을 파고드는데 바닷가에 지어진 성당 마당에도 황량한 바람만이 불고 있었다. 비도 부슬거려서 더 추웠다. 많은 교우들이 전국에서 성지순례를 왔다. 제대 위는 물론 성당 밖에서까지 미사참례를 하는 교우들을 위해서 문까지 열어놓고 미사가 봉헌되었다. 황석두 루카, 장주기 요셉, 프랑스 신부님 3분이 모래사장에서 순교를 당하시던 이야기를 들으며 아프도록 슬픈 마음으로 미사를 드렸다.

그날 제기동 성당에 다니던 지인이 이사 와서 살고 있는 초촌면에 다니러 왔다가 우연찮게 빈집을 둘러보고 4일 만에 계약을 하고 터전을 옮기게 되었다.

부여로 터전을 옮기고 난 후에 강경에 있는 나바위 성지로 돌아가신 분들을 위해서 전대사 기간만 되면 기도하러 많이 다녔다. 어느 해인지 가는 길에 있는 벚꽃이 막 피려고 꽃봉오리가 터지기 직전이었다. 그때의 그 모양이 얼마나 신비스럽던지 설명하기도 어렵다. 특히 시선을 끈 나무는 간혹가다가 만날 수 있는 짙은 분홍색 꽃이 피는 나무였다. 그야말로 막 터지려는 찰나의 순간으로 톡 건드리면 분홍색 꽃잎들이 만세를 부르며 피어나려는 순간이었다. 감동의 순간을 만나고 싶었지만 미사 시간이 임박해 와서 사랑하는 사람을 남겨두고 가는 것처럼 안타까운 마음으로 뒤를 돌아보며 떠났다. 2시간여가 지나서 돌아올 때는 이미 아름다운 자태를 뽐내고 있었다. 어느 시인이 그 광경을 보았다면 한 편밖에 없는 명시가 탄생되었을 것이다.

어느 날인지 석성마을을 지나다가 정한모 시인 생가라는 표지석을 보게 되었다. 많이 들어본 이름이어서 검색을 해보니 시인이시며 문공부 장관까지 지내신 분이었다.

특히 기쁜 내용은 정한모 시인의 어머니가 천주교 신자로서 강마리아라고 소개되어 있는 것이 얼마나 반가운지 가족처럼 느껴졌다. 마침 코로나19로 인해서 성지까지 가지 않고도 집에서 전대사 기도를 해 드릴 수가 있어서 감사한 마음으로 강마리아 어머니와 정한모 시인을 위해서도 기도해 드리니 신앙 후손으로서 마음이 뿌듯하다. 그리고 이미 돌아가신 가족들을 위해서 전대사 은총을 양도해 주시리라 믿으며 몇 번이나 더 기도해 드렸다.

‘정한모 시인님, 제가 어떻게 석성 이웃에 있는 풀마을 초촌으로 이사 와서 시인님을 위해서 전대사 기도까지 바쳐드리게 되었는지, 하느님의 안배인 것도 같습니다.’

주옥같은 시(詩)들은 지상에 많이 소개가 되어 있는데 수필은 제목만 소개가 되어 있어서 아쉽다. 『바람과 함께 살아온 세월』이란 수필을 꼭 구해서 읽어보고 싶다.

다시 검색하는 과정에서 배우 정수영이 손녀딸이라고 소개가 되어 있다. 정수영이 누굴까? 재검색을 하니 최근에 방영되었던 「엉클」이란 드라마에서 보았던 배우였다. 보기 드문 수작이어서 꼭 챙겨본 드라마다. 얼굴을 보는 순간 아니, 저 배우가 손녀딸이라고? 놀라웠다. 제목은 생각이 안 나지만 몇몇 드라마에서도 만났던 배우인데 주인공보다 더 즐거움을 주는 캐릭터였다. 어려서 미사 시간에 신부님을 도와드리는 복사도 하였다고 해서 더 친근감이 들며 정수영 그라시아란 배우가 더욱 좋아질 것 같다. 정한모 할아버지께서도 톡톡 튀는 손녀의 연기를 보셨다면 나처럼 즐겁게 시청하셨을 것 같다.

정한모 시인의 기념사업회가 발족이 되니 감사한 마음으로 동참하게 된다. 시인의 마음으로 살다 가신 정한모 박사님! 존경합니다. 언제쯤일지 하늘나라에서 뵙겠습니다.

2022. 4.

갑자기 안성 언니네가 가고 싶었다

친구들과 영화를 보러 간다고 한 날이었지만, 나는 계획에도 없던 안성 언니네를 불현듯 가고 싶었다. 그래서 앞뒤 재지 않고 내 단점인 무슨 마음을 먹으면 즉시 실행에 옮겨버리는 성격이 발동되어 언니네를 향해서 달려갔다. 빨리 다녀올 생각이었다.

내가 간다고 해서인지 언니가 나를 주려고 열무김치를 담고 있다. 다 담아서 차에 실어주고는, 엄마 산소에 갔다 온 지가 오래되었다며 갈까? 하는 것을 오후에 서울에서 약속도 있어서 망설이고 있는데 누구인지 언니한테 전화가 왔다. 어느 자매님이 미리내 성지에 가자고 하는 것 같았다. 형부는 사목회에서 연풍성지에 가셨다고 한다.

언니가 좋아라, 하며 총회장 부인과 약속을 하고 조금 있으니까 그분이 코란도를 몰고 왔다. 나보고도 미리내

같이 가자는 것을 나는 다음에 갈 테니 형부 오시기 전에 빨리 다녀오시라고 하고 각각 미리내와 서울로 헤어졌다. 언니가 떠나면서 성지에 가서 네 기도도 많이 해 줄게 하며 조심해서 올라가라고 한다.

기흥쯤 지나는데 불현듯 언니한테 아들 분도네 기도를 부탁할걸 잘못했구나 하는 생각이 드니까 언니가 핸드폰이 없는 게 안타깝기 그지없다. 아쉬운 생각을 하며 이 궁리 저 궁리하며 가는데 아! 아까 혹시나 해서 같이 가는 자매님 핸드폰 번호 적은 게 생각이 났다. 빨리 전화해서 부탁해야지 하는 마음이 들자 즉시 죽전휴게소로 들어갔다. 차를 세우고 아녜스 자매님한테 전화를 걸었다.

운전 중이실 텐데 죄송합니다. 언니 좀 바꿔주세요. 언니가 전화를 받자 언니! 내 기도 말고 분도네가 요즘 아기를 가지려고 하는데 임신이 안 되나 봐, 분도네 기도 좀 많이 해 주세요. 부탁하고 또 부탁하였다. 언니는 정말 지성껏 해 주실 것 같았다. 응! 그래 알았다. 내가 기도 많이 할게, 하며 대답하시는 음성이 온 정성을 다해 기도하실 것만 같았다.

이미 도착하여 십자가의 길 4처에서 기도 중이라고 한다. 기도를 부탁하고 나니까 왜 이렇게 마음이 기쁜지 하느님! 감사합니다, 하는 말이 저절로 나온다.

밀리는 길을 힘들게 와서 집에 들어오자마자 전화가 따르릉 울린다. 얼른 받으니 안성 언니였다. 잘 들어갔지? 우리도 미리

내 성지에서 기도 많이 하고 왔어. 분도네를 위해서 미사를 봉헌했는데, 22일부터 신부님 수녀님들의 9일기도가 시작되니 너도 같이 지향을 두고 기도하라고 한다. 주께서 도와주실 거라고 하며, 자매님 핸드폰번호 적어 가지고 간 거며 하느님이 사라에게 태를 열어 주신 것처럼 분도네도 도와주실 것이라고 하는데 꼭 그 기도가 이루어진 것만 같았다. 언니! 정말 정말 고마워. 그 자매님과 같이 기도 많이 해 주셨다니 고마워요. 나도 잊어버리지 않고 9일기도 같이할게요.

전화를 끊고 나서 감사합니다. 감사합니다. 감사합니다. 우리 주! 알렐루야! 하는 찬미의 노래가 마냥 불러진다. 하느님! 저희들의 잘못된 행동이나 허튼 생각을 너그러이 용서하시고 자비를 베풀어 주소서. 분도네 가정에도 귀여운 자녀를 허락하시어 자식을 키움으로써 하느님께 더욱 감사하며 찬미하는 생활을 하게 하소서. 아멘!

주님! 기도하게 해 주시니 감사합니다. 기쁜 하루였다.

2001. 5. 2.

부여선수 넘버원

2023년 2월 어느 날 아직 추워서 몸을 움츠릴 때인데 새로 생긴 단체 톡 방에서 기쁜 문자가 왔다.

'정도기 협찬 친선 파크골프대회'가 열린다는 소식이다. 얼른 이해가 안 되어서 자세히 읽어보았다. 정도기 회원이 2022년 제2회 피닉스배와 제1회 굿뜨래배 전국대회에서 연이어 우승했을 때 많은 동호인의 축하를 보답하고자 상금 중 일백만 원을 희사하여 부여 회원들만의 잔치로 선착순 100명만 초대하여 골프경기를 연다는 소식이다. 그리고 끝나고 나서 부작용이 많은 행운권 추첨도 안 하고 참가자 전원에게 조그만 선물로 대신한다는 소식에 더 감동이 된다. 행운권 추첨한다고 시간 낭비도 안 되고 아무 일도 아닌 것으로 소외감도 안 드니 더욱 뜻있는 행사가 될 것 같다. 전국대회 때마다 행운권 추첨한다고 많은 시간을 낭비하게 만들어서 마지막에 기분을 상하게 한다.

그리고 매번 느끼는 일이지만 공정하지 못한 장면들을 보게 되어서 즐거웠던 경기가 빵점으로 끝난다는 사실이다. 행운권 추첨은 안 하는 게 회원들을 위하는 일이다.

얼마나 기쁜 소식인지 가뭄에 단비가 시원하게 내리는 느낌이었다. 다른 경기에는 참가비 명목으로 2, 3만 원씩 내야 되는데 참가비도 없고 경선도 필요 없이 조촐하게 우리들만의 하루를 즐겁게 보낼 수가 있어서 더욱 기뻤다. 그랬는데 나중에 참가하겠다는 회원들이 많아져서 원활한 진행이 안 되다 보니 기다리느라 힘이 많이 들었다. 그래도 누구든지 한마디씩 하는 말, 오늘은 정말 즐거웠다고 감사의 말들을 한다.

"정도기 프로님, 내년에도 상금 많이 타셔서 대회 열어주세요."라는 말도 잊지 않고 덧붙인다. "네, 내년에는 더 많이 타올게요." 말만 들어도 기쁘다. 그리고 또 상금을 많이 타 오실 것만 같은 예감이 든다.

몇 년 전인지 운동을 하러 구장에 갔는데 어느 부지런하게 보이시는 분이 혼자서 골프를 치고 계셨다. 처음 뵙는 분인데 샷감도 좋으시고 잘 친다는 느낌이 들어서 "잘 치시네요" 하니까 "이제 배운 지 얼마 안 됩니다." 한다. "스윙도, 임팩도 좋으신데요. 얼마 후에는 부여 선수로 경기에 나가셔도 되겠어요." 그랬더니 일언지하에 "운동하러 다니는 거지 경기하러는 안 다닐 겁니다." 한다. 누구든지 처음에는 다 그렇게 말합니다. 그런데 스스로 잘 친다고 느낄 때쯤에는 경기에 나가볼까? 하는 마음이 들어서 경선도 참가하게 되고 적극적으로 선수로 뛰게 된답니다.

연거푸 전국 1등을 하였을 때, "저한테 한 말 기억하시지요? 절대로 경기에는 안 나간다고 하신 말" 그랬더니 "그랬지요" 하며 웃는다.

정도기 프로님, 프로라는 말이 아주 잘 어울리시는 부여협회의 선수로서 앞으로도 부여파크골프를 빛내주시기를 부탁드립니다.

2023. 4. 3.

윤을수 신부님을 회상하며

어떤 축복이 시대의 선각자로, 이웃을 위한 사회사업가로 평생을 사신 윤을수 신부님을 뵐 수 있었는지 모르겠다. 아마도 어머니 품속에서 하느님을 알게 된 것이 이유가 될 것 같다.

나는 배우고 싶은 마음에 강의록으로 공부는 하였지만 학교 다니고 싶은 마음이 늘 있던 차에 수녀원에 가게 되었는데 총장이셨던 최로사 언니와 개인 면담 때 공부가 하고 싶다는 말씀을 드렸더니 일단 인가가 나지 않은 학교에 다니게 되었다. 그곳에서 공부하고 검정고시를 보아야만 상급학교에 갈 수가 있었다. 세 명이 같이 다녔는데 적령기를 지난 후라 어린 학생들과 같이 공부하는 게 쑥스러웠지만 배우고 싶은 열망이 더 커서 잘 견디었다.

졸업 후에 경남 통영에 있는 C여자 고등학교로 가게

되었다. 이사장님이셨던 신부님을 따라갔다. 통영까지는 먼 거리여서 저녁 무렵에야 배가 항구에 닿았다. 출구 양쪽으로 선생님들이 신부님을 맞이하는 옆에서 얼떨결에 나도 선생님들의 인사를 받으며 학교에 도착하였다.

통영은 한국의 나폴리로 불릴 만큼 아름다운 곳이라 가는 곳마다 여행지였다. 3층 교실에서 바다를 바라다보면 여객선이며 고깃배들이 떠다니는 게 그림처럼 아름답다. 주일이면 기숙사 언니들과 한산도, 충렬사, 비진도, 남해금산까지도 갔다. 그때만 해도 해저터널을 걸어서는 다녔는데 결혼 후에 가족여행을 가 보니, 물이 스며들어서 위험하다고 막아놓았다. 늘 그리운 곳 중의 한 곳이라 몇 년 전에 여형제들끼리 다시 다녀왔다.

수녀원에 처음 갔을 때 좀 특이하게 생각되었던 것이, 총장수녀님 이하 학생들까지 서로 언니라고 부르는 것이었다. 총장이나 원장 등은 일을 하기 위한 구분일 뿐이라고 하셨다. 그래서 우리들은 나이가 많고 적고 간에 서로 언니라고 불러서 그 언니라는 단어가 입에 붙었다. 심지어는 집에 다니러 가서 어머니한테까지 언니! 언니! 불러서 어머니가 난감해하시고, 난 내가 한 말 때문에 눈물이 나도록 깔깔대며 웃었다.

결혼 후에 사회과에 있었던 세시리아 언니를 만났는데 같이 운동을 다니게 되었다. 그 언니 역시 언니라는 호칭을 못 버리고 아무 때나 라파엘라 언니! 라파엘라 언니! 하며 부른다. 나보다 몇 년이나 선배이신데 언니라고 불러대니 동반자는 물론 캐디까지 헷갈려한다. 우리 때문에 사람들이 공도 못 치니 제발 고치라고 부탁드려도 라파엘라에서 모니카로만 바뀌었을 뿐, 꼭 모니카 언니!라고 부른다. 라파엘라는 수녀원에서 지어준 이름이다.

몇 년 전에 인보성체회 창설 50주년이 되는 해에 한 가족으로 살았던 언니들을 모두 초대해서 갔다. 오랜만에 만난 언니들이 반가워서인지 언니란 말이 난무하고 있었다. 총장수녀님이 수녀원의 지나간 역사를 컴퓨터로 복원한 것을 보여주며 설명을 하고 계셨는데, 언니들은 거기 관심이 없고 얘기보따리들을 풀어놓느라 정신이 없다. 나중엔 총장수녀님이 "아이고 우리 언니들이 너무 말을 안 들으시네요." 하며 난감해 하신다.

아침마다 준주성범을 알아듣기 쉽게 풀이해 주시던 신부님의 육성 테이프도 들을 수가 있어 옛날이 생각나고, 강원도에서 오신 신부님이 윤 신부님 때문에 사제가 되었다는 말씀을 하며 신부님은 사람들에게 기회를 많이 주셨다고 회상하시는데 그 말씀이 너무 공감이 되어 마음으로 울었다. 새삼 신부님이 그립다.

부암동 운현궁 별장 자리에 있었던 골롬바 병원에서 학교를 다닐 때이다. 지금은 흔적도 없지만 되짚어보니 지금의 자하문 하림각 뒷산이다. 어느 해인가 추억을 찾아서 언니들과 올라가서 한참이나 머무르다 왔다. 또 우리 지원생 10여 명이 신부님을 따라 가평의 잣나무숲이 우거진 임초리라는 곳에도 가서 수제비도 만들어 먹고 계곡물에 발도 담그고 즐거웠던 생각도 난다. 그곳에도 다시 가 보고 싶었는데 지금은 '아침고요수목원'으로 바꿔었다고 해서 진작에 못 가 본 것이 아쉬울 뿐이다.

어느 해인지 부활주일이 지난 후 신부님과 직원들이 대성리로 소풍을 갔다. 배를 타고 강을 건너 맞은편 산으로 올라갔는데 그 산이 진달래 산이어서 산 전체가 분홍 물감을 풀어 놓은 듯 연분홍빛으로 물들어 있다. 지금도 영화 속 장면처럼 향기로운 꽃무더기가 눈앞에 아른거린다. 신부님이 환자들도 갖다 주라고 하여서 돌아올 때 꽃을 꺾어 차에 싣고 왔는데 너무 많아서인지 어질어질 향기에 취해 멀미까지 하였다. 지금도 그 산은 그대로 있겠지?

나는 지금까지 살아오는 동안 하느님의 돌보심을 너무나 많이 느끼며 살고 있다. 정말 하느님을 몰랐다면 어떻게 살았을까? 아마도 삶이 허무하고 행복하지 못했을 것이다. 어려운 일이 닥쳐도 하느님이 계셨기에 잘 참아 냈다. 젊은 시절에 신부님께 들었던 소중한 말씀들이 제일 큰 삶의 지표가 되었다. 살면서 이런저런 걱정거리가 생길 때마다 고민한다고 해결될 것도 아니니 자고 나서 내일 걱정하지 뭐 하는 마음으로 저녁기도를 바친 후 잠을 잔다. 아침이 되면 언제 걱정거리가 있었나 싶게 근심거리가 사라지던 일들이 많았다. 너 자신부터 행복하게 살아서 그 행복을 남에게도 전해주라던 말씀이 귀에 들리는 것만 같다.

하느님! 모든 일들이 다 감사합니다.

새감 영성 2012.

준주성범 중에서

하느님께서 하시는 일을
우리가 다 알아듣지는 못한다.
다만 믿고 따를 뿐이다.
언제나 자만을 피하는
겸손함이 필요하다.
걱정 없이 사는 법을
배워야 한다.
미리 분수없이 걱정한다고
일이 더 잘 되는 것은 아니다.
허무지경에 기울어지기 쉬운 때라도
하느님께 기도드리는 것을
거르지 말아야 한다.
관계없는 남의 말에 흔들리지 말고

하느님 언제나 바르게 판단해 주실 것만
믿고 살 것이다.
스승이셨던 윤을수 신부님이 번역하신 책인데
신학교 시절 소등시간이면 불을 다 꺼야 되어서
이불 속에서 몰래 번역하셨다고 한다.
미사 시간이면 이 준주성범에 있는 글들을 가지고
묵상을 시켜 주셨기에
각박한 삶 중에서도 허튼 길로 가지 않고 잘 살아내고 있음에
감사할 뿐이다.
하느님! 항상 감사 드릴 뿐입니다.
세세대대로 찬미 영광 받으소서.

오이의 상큼한 향이

오이를 따려고 넝쿨을 들추니
이미 오이의 상큼한 향이 코끝에 다가온다.
오이를 한입 물었을 때보다 더 기쁘다.
생강 잎을 살짝 스치니 그만의 향기가
폴폴 날아와 마음이 편안해진다.
새벽에 반짝이는 별을 보듯
행복한 마음이 가득 차오른다.
하느님, 식물 한 포기 한 포기에
그들만의 향기를 주셨음에
찬미를 드립니다.
해돋이에서 해넘이까지 영원토록.

2

다시 살아난 무화과 나무

이분이 네 어머니시다

얼마 전 아침 기도를 하다가 갑자기 예수님께서 십자가상에서 요한에게 이제부터 이분을 어머니로 모시라고 부탁하신 말씀이 불현듯 생각이 나서 기뻤다. 그리고 지금까지도 성모님의 무덤만 없는 것이 몽소승천도 확실하게 믿게 된다. 베드로의 무덤과 여러 사도의 무덤, 막달라 여인마저도 지진으로 바다가 뒤집히는 바람에 2천 년 만에 막달라 마리아의 흔적도 찾았다고 하는데 성모님의 무덤만 없는 것이 몽소승천도 확실하게 믿게 된다. 우둔하게도 이제야 깨달은 것이 안타까웠다. 실은 추호도 의심 없이 믿었기 때문에 알 필요조차 없었다는 게 맞는 말이다. 성모님은 삼위일체 교리에서 배운 것처럼 성부의 딸, 성자의 어머니, 성령의 짝이시라는 것을 더욱 알게 된다.

간혹 성모님이 동정녀인 것을 반박하는 일부 개신교인

들이나 목사님들 때문에 마음이 아팠는데 이제는 확실하게 대답을 할 수가 있다.

어느 장로님께 “그럼 사도신경은 잘도 외우시면서 마리아가 동정녀가 아니라고 하시는데 그럼 어떻게 생각하시는데요?” 물었더니 돌아온 대답이 몸만 빌려서 예수님을 낳았다고 하여서 기가 막혔다.

이제는 십자가상에서 요한사도에게 이분이 네 어머니라고 하시며 잘 모시라고 한 말씀에 힘이 생긴다. 반박할 수 있는 말이 있어서, 반박할 필요도 없지만.

2022. 12.

부여문학상을 받고서

백제시대에 저의 선조께서 나라에 어떤 공을 세우셨기에 제가 부여문학상이라는 큰 상을 받게 되었는지 감사할 뿐입니다.

갈매못순교자성지를 방문했다가 지인이 살고 있는 부여 초촌 마을을 다니러 온 것이 이런 기쁜 일들과 연결이 되었다는 게 모두 순교성인들의 돌보심 같이 느껴집니다.

4일 만에 계약을 하고 초촌 마을로 이사하게 되었지요.

부여로 이사 온 후에 남편과 함께 순교자성지를 다니며 많은 영혼들을 위한 기도를 끊임없이 해 드린 것에 대한 보답이었는지도 모르겠습니다.

성모님이 연옥 언저리에서 서성이며 늘 영혼들을 천국으로 데려가시려고 기도하신다고 들었습니다.

하지만 지상에 있는 누군가가 기도를 해 주어야만 되기

때문에 누군가의 기도를 안타깝게 기다리며 한 영혼이라도 더 천국으로 모셔가려고 기도를 청한다고 합니다.

전대사 기간만 되면 순교자성지로 미사를 드리러 다니며 수백 명의 연옥영혼들을 위한 기도를 하였습니다. 이런 마음이 든 것도 6살에 하늘나라로 가버린 어린 천사 라파엘 덕분입니다. 하늘나라로 가면서 할머니에게 영혼들을 위해서 기도하라는 사명을 주고 간 듯합니다.

하느님, 게으름 떨지 않고 연옥영혼들을 위해서 기도하게 해 주시니 감사합니다.

딸의 기도

지금도 2014년 10월 9일은 잊히지가 않는다. 서너 평 텃밭에서 열무를 솎으려고 나갔다가 발이 꼬인다고 느낀 순간, 누가 팍 떠밀기라도 한 것처럼 소쿠리를 내동댕이 친 채 엄청난 속도로 세면 바닥으로 엎어졌다. 숨이 막힐 것처럼 가슴과 무릎이 아파서 엎어진 채로 몇십 분을 안정을 취하느라 손이 닿는 곳의 풀만 뽑고 있었다.

이튿날 방 문턱을 넘다가 아픈 무릎을 지탱하지 못해서 털썩 주저앉았는데 허리가 다 나간 것 같은 충격을 받았다. 순간 끈적한 진땀이 배어 나온다. 누운 채로 30여 분을 있었다. 남편이 일으켜서 침대로 옮기려고 하는데 절대로 건드리지 못하게 하였다. 조금만 움직여도 죽을 듯이 아팠다. 어느 정도 안정이 되자 남편이 발을 들어보라고 한다. 발을 끝까지 들을 수가 있었다. "됐어, 고관절은 안 다친 것 같으니 다행이야" 한다. 무릎보다 허리가 더 큰 문제로 2개월이나 침대에 누워서 고생을 하였다. 2개월을 침대에 누워있는 동안 머리카락이 하얗게 변해 있었다.

이후에 364일을 절뚝이며 걸었다. 내가 장애인이 되는 게 아닐까 싶을 정도로 낫지를 않았었는데 365일 되던 날, 내가 자연스럽게 걷고 있다. 하느님! 제가 절뚝거리지 않고 걷다니요!

너무나 신기해서 딸에게 문자를 보냈다.

'내가 절뚝이며 걷는다고 생각했는데 자연스레 걷고 있다. 꼭 일 년 만이다.' 답문이 왔다.

'엄마, 너무 신기해요. 오늘이 엄마 위한 9일 기도가 끝나는 날이에요.'

평소에도 엄마, 아빠 기도한다고 하였지만, 특별히 청원기도와 감사기도까지 54일 9일 기도를 또 하였나 보다.

넘어진 후 3일 만에 어쩔 수가 없이 119응급차를 타고 시술을 받으러 가야 했다. 시술 받으러 들어가는 시간을 알기나 한 듯이 딸한테서 전화가 왔다.

"지금 레지오 회합 시간이라 여럿이 모여서 엄마 기도하고 있으니까 아무 걱정 하지 말고 시술 잘 받으세요." 한다.

이 고통을 알기나 할까? 한 걸음 옮길 적마다 첫 분만할 때보다 더 힘든 고통처럼 느껴진다.

수술대에 누웠다. 레자로 씌운 수술대가 차가운 게 느낌부터가

싸늘하다. 몸이 조여 오는 듯한 채로 누워있는데 점점 침대가 따뜻해진다. 편안하다.

'아, 수술 침대라 전기가 들어오나 보다.'

편안하게 시술을 받고 나와서 간호사에게 '침대에 전기가 들어와서 따뜻해서 좋았어요.' 했더니 전기가 들어오지 않는다고 한다. '?' 그럼 딸이 기도해 준 덕으로, 그런 것이었나요. 하느님!

박경원 라파엘 천사도 겁이 많은 할머니 머리맡에서 엄마와 같이 기도해 주었으리라 확신한다. 2010년 백내장 수술을 할 때처럼….

하느님! 감사합니다. 찬미와 흠숭을 영원히 받으소서. 아멘!

2015. 10.

다시 살아난 무화과나무

올해에는 우리 제기동 본당에서 '우리는 하나다'라는 공동체가 되어 전 신자 캠프를 의정부에 있는 한마음 수련원으로 갔다. 목적지가 가까운 곳이어서 가기 전부터 기분이 좋다. 이젠 먼 곳을 향해서 가는 여행은 미리 멀미가 난다. 아침에 나오려고 하는데 남편이 비가 온다는데 우산을 가지고 가라며 챙겨준다. 뜨거우면 모자 대신 쓰려고 가지고 나오며 무슨 비 걱정을 다한담. 웃으며 나왔다. 하긴 일기예보에서 비가 온다고 하였다. 그래도 전혀 비 걱정이 안 된다. 무슨 배짱인지, 본당 신자 전체가 움직이는데 하느님이 배려해 주실 것만 같다.

한마음 수련원에 도착하여 그곳에 원장으로 계신 용하진 대자(代子) 신부님도 오랜만에 뵈어서 정말 반가웠다. 건강하고 행복하게 사제 생활하시길 기도할 뿐이다. 우리 본당

용유수 회장님은 단신 월남하여 서마리안나 형님과 결혼하여 아들만 3형제를 두셨다. 첫째와 막내를 사제로 보내시고 두 분이 노후를 기도로 보내시는 복이 많으신 분들이다. 늘 존경스럽다.

녹음이 우거지고 계곡물이 흐르는 그곳은 복잡한 서울, 또 끊임없이 내리는 비로 가라앉았던 마음을 맘껏 충전시킬 수 있는 장소였다. 적당히 구름으로 가리어진 날씨에 넓은 잔디밭에서 하는 게임들이 신자들의 마음을 몇 배로 기쁘게 한다. 특히 숨겨놓은 성화카드를 찾아서 퍼즐 맞추기 게임이 얼마나 재미있는지 동심으로 돌아간 듯하다.

우리 구역 자매들은 대부분 연세가 있으셔서 수산나 반장과 둘이 숨겨진 성화를 찾으러 맨발에 슬리퍼를 신고 1시간여나 언덕길을 오르내렸더니, 발이 상처투성이가 되었다. 그래도 어찌나 재미있었는지 발 아픈 건 안중에도 없다. 카드 12장을 찾으러 다닐 때 두 장을 다른 자매들이 찾아다 주었는데 고맙기보다는 오히려 기쁨이 줄어들었다. 어느 장소에서 찾아온 것인지를 모르니까 안 간 장소엘 갔다가 허탕 치는 마음이 오히려 허전하다. 우리를 생각해서 찾아다 주었지만, 당사자인 우리는 그 두 장 때문에 오히려 기쁨이 줄었다면 이해가 되실지, 다음에는 그런 경우에 본인들이 찾으러 다니게 미리 찾아다 주면 안 될 것 같다.

소공동체 체험 사례를 들으며 하느님의 말씀이 무디었던 형제 자매님들의 마음을 변화시켜 주셨음에 감사한 마음이다. 신부님이 소공동체의 목적에 대해 말씀하시며 가난하고 소외된 이웃과 함께할 때 행복하다고, 빈소에 조화 한 송이 마련할 수 없는 교우들을 더 많이 방문해야 된다고 말씀하시며 이성재 회장님에 대해서도 추억하신다. 20여 년간 본당을 위해서 열심히 사셨는데, 형평성 때문에 자주 찾아뵙지 못한 것을 아쉬워하신다. 하긴 그분을 자주 찾아뵙는 것을 교우들이 보았다면 신부님도 부자들만 좋아한다는 말을 하였을지도 모를 일이다.

돌아오는 날 잔디정원에서의 파견미사는 작년에 기차를 전세 내어서 갔던 배론 성지에서처럼 행복했다. 유빌라떼 성가대의 떼제성가가 기쁘고 감사함을 배가시켜 준다. 성가와 함께 들려오는 매미들의 합창 소리가 불협화음처럼 들리기도 하였지만, 간간 시원하고도 행복해지는 바람이 불고 지나가 소나무 아래서의 미사가 우리들의 마음을 기쁨으로 채워 주기에 충분하였다. 신부님이 강론 중에 일기예보에 비가 온다고 하여 걱정하였는데 2박 3일 동안 날씨가 좋아서 감사하다는 말씀을 들으며 본당의 책임자이신 신부님의 신심이 그런 걱정 따위는 다 물리쳐 버리게 하셨을 것 같다는 마음마저 든다.

집에 오니 여름내 따 먹었던 방울토마토나무 3그루가 열매를 주렁주렁 매단 채 다 말라 죽어 있다. 깜짝 놀라서 옷도 못 갈아입고 물을 흠씬 주었더니 살아나긴 했는데 반은 고사가 되었다. 가기 전날 물을 많이 주었는데 이틀 만에 말라 있는 게 이해가 안 된다. 아마도 흙이 조금 들어있는 화분이어서 그런가 보다.

남편한테 "저렇게 시들어 가는 게 안 보였나요? 내가 매일 물

주는 거 못 보았어요? 해도 해도 너무합니다. 당신은 한 끼도 안 거르고 식사하면서 어쩜 저렇게 만들어요?" 하며 볼멘소리를 하였다.

작년처럼 올해에도 방울토마토가 노란 꽃을 셀 수도 없이 피우더니 그게 다 열매가 되어 주렁주렁 달려서 매일 행복하였다. 적당한 간격을 두고 익어서 혼자서는 여유 있게 먹게 된다. 열매가 맛있어서 먹어보라고 남편한테 주면 혼자나 실컷 먹으라고 하여 나 혼자만의 잔치가 된다. 아니다. 나 혼자만의 잔치는 아니었다. 직박구리 새 한 쌍이 시도 때도 없이 날아와 빨갛게 익은 열매만 쪼아 먹고 간다. 무슨 이야기를 하는지 두 마리가 계속 삐삐거리며 수다를 떤다. 아마 먹을 게 많다고 좋아하는 것 같다. 그래서 새들이 먹기 좋은 곳의 열매는 늘 남겨두었다. 새들이 날아와 빨갛게 익은 열매만 쪼아 먹는 모습이 신기하고도 앙증맞아서 엔도르핀이 팡팡 터진다.

시들어진 토마토 나무를 보며 마음이 허전해 있는데 옆 화분은 풀만 무성하게 자라있다. 3일 만에 저 풀들은 시들지도 않고 잘도 자랐네. 뽑아버리려고 나갔는데, 죽은 줄 알고 내버려 두었던, 무화과나무에서 돋아난 새순이었다.

"어머나! 무화과나무가 살아 있어요!"

너무 기뻐서 나도 모르게 소릴 질렀다. 남편이 내다보며 "꽤나 좋아하네." 한다. 아주 반가운 사람을 오랜만에 만난 것보다 더 기뻤다.

작년에 심었던 무화과나무에서 열매를 제법 땄기 때문에 겨울 채비를 잘했었다. 신문지로 몇 겹을 싸매고 비닐도 두 겹이나 씌웠는데, 3월에 며칠 동안 날씨가 하도 따뜻하기에 정말 봄이 온 줄 알고 옷을 벗긴 것이 화근이 되어 얼어 죽고 말았다. 4월이 다 가도 새순이 돋지를 않아서 농원에 전화해 보니 첫 마디가 아마 얼어 죽었을 겁니다, 한다. 너무나 속이 상해서 그 나무 등걸을 볼 적마다 내 잘못에 자책을 했었다.

이제라도 무화과나무가 살아나니 몇 배의 기쁨이 된다. 죽었던 나무에서 여름이 다 가는 시기에 몇 개월 만에 너울너울 잎새가 돋다니, 죽었다고 뽑아 버렸으면 어쩔 뻔했나 가슴이 다 철렁한다. 그렇잖아도 내가 4월이 다 가도록 싹이 안 나와서 정말 얼어 죽었나 보다고 안타까워하니까 남편이 그냥 둬 보라고 한다. 죽었는데 두면 뭘 하느냐고 하면서도 뽑아버리지 않은 게 얼마나 잘한 일인지 좋아서 웃음이 자꾸 나온다. 살아 있는 가지에서 토마토도 익어가고 무화과나무도 하루가 다르게 잎새가 자란다. 이미 찬바람이 났는지 오늘은 창문 너머로 시원한 바람까지 불어와 더 기쁘다. 이제 찬 서리가 내릴 때까지 무화과나무 자라는 것을 보며 마음 부자로 살아야지. 열매는 달리지 않더라도, 내년을 기약하면 되니까.

하느님, 이런 조그만 일에도 행복할 수 있게 해 주셔서 감사합니다. 해돋이에서 해넘이까지 영원무궁토록 찬미, 영광 받으소서. 아멘.

2011. 8. 18.

성경 말씀이 꿀맛처럼 달았다

80년대에 성령의 불길이 빠르게 번질 때였다. 우리 아이들이 초등학교 다닐 때였는데 학교마다 주부교실이 결성이 되어 자모들이 이런저런 활동을 할 때였다. 회원들은 의무적으로 전국 주부교실에서 운영하는 주부대학에 다니게 되었다. 1년간의 강좌가 끝나고 다시 연구반이라고 해서 1년을 더 다니게 되었는데, 그곳에서 나는 평생 신앙의 길잡이가 되는 이인복 교수님을 만났다.

어느 날 선생님의 강의시간이었는데, 말레이시아 싸인즈 대학에서 강의를 하실 때의 일들을 이야기했다. 그 많은 이야기들이, 다 신앙 간증처럼 들려서 너무나 감동스러웠다. 집에 돌아와 초등학교 저학년인 딸에게 오늘 엄마가 주부대학에서 강의를 듣는데 너무 재미있어서 1시간 반이 언제 지나갔는지 모르게 가 버렸단다, 그랬더니 그 얘기 빨리해 주세요, 하고 조른다. 금방 듣고 왔으니 나름대로 재미있게 얘기를 다 해 주었는데, 딸아이가 엄마는 1시간 반이나 들었다면서 왜 30분밖에 안 해요. 빨리 더 해주세요, 하며 성화를 대어서 난감하기까지 했다. 그때 그 감동적인 강의를 들은 게 인연이 되어 지금까지도 이인복 교수님은 신앙의 길잡이가 되어 주고 계신다. 그 얘기를 나만 들은 것이 아까워(?) 우리 본당에 모셔 오기로 하였다.

그때 우리 성당에도 성령 세미나를 몇 차례 했을 때인데 조용히 주일미사나 보고 염경기도로 아침저녁 기도는 빼먹지 않고 하는 그야말로 구교우 시절이다. 지금도 그렇지만 구닥다리 교우들은 손을 들어 기쁘게 노래하며 춤추는 것이 경박스러워 보여서 절대로 성령 세미나는 안 받을 거야 하며, 마음으로 다짐할 때였다. 나도 그랬다. 사도행전에 있는 말씀을 미리 읽었으면 그런 마음이 안 들었을 텐데 세례만 받았으면 되는 줄 알고 있었을 때라, 그 부류에는 휩쓸리지 않을 때였다.

지금 생각하면 얼마나 어리석은 일이었는지, 그래도 다윗 왕이 전쟁에서 이기고 돌아와 덩실덩실 춤을 추며 기뻐할 때, 왕비가 백성들이 보는 앞에서 채신머리없게 춤을 춘다고 입을 삐죽거리며 흉을 본 죄로, 하느님이 아기집을 닫아서 아기를 못 낳았다는 말씀은 읽은 기억이 나서 흉은 보지 않고, 나는 못한다고 생각할 때였다.

이인복 교수님이 오시는 날 제기동 미도파 역으로 모시러 나

갔다. 그 당시 지하철역 안에, 우동이랑 국수를 파는 좌판대가 있었다. 시간을 보니 강론시간까지 국수 한 그릇 잡수실 시간은 되기에 강론 끝나면 시장하실지 모르니 우동 한 그릇 잡수실래요? 했더니 그러자고 하여서 선 채로 국수를 먹고 성당으로 왔다. 요즘도 그 얘기를 간간이 하신다.

저 사람이 얼마나 꾸밈이 없는지, 나는 나름대로 대접을 받고 다닐 때인데, 나더러 좌판대에서 국수를 먹자고 한 사람이야, 하며 농담 삼아 말을 하신다. 나 역시 배도 고프고 시간이 얼마 없다는 생각에 무심히 한 행동인데 정말 소홀한 행동이었다는 생각이 든다.

그날 강론 말씀이 얼마나 좋았는지 성당 안이 후끈 달아오를 정도였다. 본당 신부님이셨던 구전회 신부님도 맨 뒤에 서신 채로 감동으로 경청하시던 모습도 떠오른다. 시간 조정상 그만하시라고 쪽지를 전달하고, 누구든지 말씀을 더 듣고 싶어 했는데 다음 프로그램을 위해서 내려오셨다. 본당 신부님께서도 그냥 더하라고 하지~ 하며 아쉬워하신다.

그때부터 선생님한테 붙잡혀 20여 년을 내 조그만 차에 모시고 다니며 서울에 있는 성당은 물론 전국의 성당, 병원, 방송국, 심지어 예배당까지 안 가는 곳이 없이 모시고 다니며 봉사하였다. 지금은 그 정도까지 먼 거리를 운전할 자신이 없어서 몇 년 전부터 젊은 후계자를 키우라고 말씀드렸다. 마침 두 분 교수님이 다 은퇴를 하셔서 지금은 심 교수님이 운전을 해주고 계신다.

70이 넘은 지금도 열정적으로 강론하시는 걸 보면, 하느님의 도우심이라고 매번 느낀다.

거의 매일이다시피 어느 날은 두 곳으로, 강론을 하고 다니던 때인데 우리 본당에서도 성령 세미나를 한다고 신청을 하라고 한다. 매일 성령 세미나에 참석은 했지만, 선생님 강론만 끝나면 다른 본당으로 이동하기가 바빠 손뼉 치고 노래하는 광경은 별로 볼 수가 없었다. 망설이다가 선생님한테 의논 삼아 성령 세미나에 참석하라는데 어떻게 해야 할지 모르겠다고 했더니, "물론, 모니카는 신앙생활은 잘하고 있지만, 의무적인 기도생활이 더 많아. 우리 마음에 성령이 오시도록 쇄신해야지, 받아봐" 하신다.

그래서 결심을 했다. 더 큰 이유는 강사분들의 말씀을 들을 수 있는 좋은 기회로 알고 신청을 하였다. 그러면서 이런 생각을 하였다. 난 손 들고 손뼉 치며 노래하는 건 못하니까, 강론만 끝나면 집에 오면 되지 뭐. 그래서 맨 뒤에 앉아서 정신을 빼고 강론 말씀에 빠져 있다가도 말씀만 끝나면 슬그머니 빠져나와 집에 오곤 하였다.

몇 주를 그렇게 하며 다니고 있는데 그날도, 강론 들으러 가야지 하며 저녁을 일찍 먹고 준비하는데 웬 느닷없이 엄지발가락이 쑴먹쑴먹 쑤시며 아프기 시작한다. 별일이네. 이 발가락이 다치지도 않았는데 왜 아픈 거야? 잠시 기다리면 낫겠지 하며 발가락을 살살 주무르고 있는데, 낫기는커녕 손도 못 대게 아프다. 어머 큰일 났네. 시간은 다 돼 가는데 어떡하지? 하며 이 궁리 저 궁리 하다가 이렇게 아픈데 못 가지 하며 주저앉았다.

그런데 시간이 몇 분 안 남았는데 아니야, 그래도 가야 돼 하는 마음이 들었다. 구두는 못 신으니까 한쪽은 구두, 한쪽은 남자 슬리퍼를 발가락이 닿지 않게 살짝 걸치고 거의 깨금발로 성당까지 절뚝이며 갔다. 그날도 빠져나오기 좋게 뒤에 앉아서 열심히 듣고, 끝나자마자 나와서 부지런히 집으로 오는데 중간쯤 오다가 아니? 나, 아까는 발가락이 아파서 절뚝이며 갔는데 언제부터 안 아팠지? 하며 고개를 갸우뚱거렸지만, 언제부터 나았는지 감도 안 온다.

그다음 주였다. 그날도 일찍 성당 갈 준비를 하고 있는데 이게 무슨 일인가? 이번엔 배가 살살 아프기 시작하더니 나중엔 쥐어뜯을 듯이 아프다. 진땀까지 난다. 아휴, 오늘은 도저히 못 가겠네 할 수 없다. 다음 주에나 가야지 하며 포기하고 있는데, 시간이 다가오니 아니야, 가야 돼 하는 생각이 강하게 들어 배를 움켜쥐고 일어나 허리를 구부린 채 성당엘 갔다. 맨 뒤에 앉아서 오만상을 찡그리고, 말씀을 들었다. 그날도 강사분 말씀이 너무 좋아서 재미있게 듣고, 끝나자 살그머니 빠져나와 집을 향해 달음질치듯이 걸었다. 걷다가 생각하니 진땀까지 흘리며 배 아프던 생각이 나서 아니? 내가 아팠었는데 언제부터 안 아파졌나? 하며 생각했는데 아무리 생각해도 언제부터 안 아팠는지 기억에도 없다.

나중에 어느 자매한테 그런 말을 했더니 모니카는 훼방을 조금 받은 거야. 난 그날만 되면 가족들과 대판 싸울 일이 생기곤 했어. 심지어 아들하고도 대판 싸워서 성당에 못 갔어. 모니카는 잘 넘긴 거야 하신다. 그럼 성령 세미나에 못 가게 사탄이 방해를 했단 말인가? 그럼 내가 대처를 잘한 거였네. 아픈데도 핑계대지 않고 참석을 했으니. 고맙습니다. 하느님! 그런 거였나 봅니다. 제가 주저앉지 않고 잘 다녔지요?

안수를 받는 날이었다. 강론이 끝나고 안수식 준비를 한다. 그날은 봉사자들이 중간중간 서 있어서 빠져나올 수 있는 상황이 아니다. 어정쩡한 마음으로 안수식을 기다리고 있었다. 그런데 앞줄부터 휘장을 쳐놓은 제대 안으로 들어갔는데 조금 있으니까 그 안에서 내가 듣기에는 알아들을 수 없는 말들과 울음소리가 들린다. 나중에 알았지만, 방언과 감사의 눈물들을 흘리고 있었다. 모두 하느님의 도우심으로 성령이 임하여서 잠자던 마음에, 기쁨이 채워지는 순간들이었던 것이다.

그러나 그 당시 내 마음에는, 아이쿠 이거 큰일 났구나, 어떡하면 좋지, 난 저런 걸 감당 못하는데 어떡하나 하는 마음과 어떡하든지 안수를 받지 말고 성당에서 나가자 하는 마음만 들었다. 그래서 뒤를 돌아다보았는데 봉사자들 때문에 빠져나갈 수가 없다. 나갈 수는 없고 되도록이면 맨 나중에 들어가려고 한 칸 한 칸 뒤로 가서 앉았다. 지금 생각하니 봉사자들이 내 행동이 얼마나 우스웠을까? 하는 마음도 든다. 제대 안에서는 여전히 아우성(?) 소리가 들리고, 내 마음은 콩닥콩닥 뛰고 갈피를 못 잡고 앉은 채 기도하였는데 이런 기도만 계속하였다.

'하느님! 저는 저런 걸 감당 못합니다. 안수는 받겠으니 저한테 맞는 은사를 주소서.' 이런 기도만 계속하다가 차례가 되어 봉사자의 안내로 제대 안으로 몇 명인지 들어가, 나란히 무릎을 꿇은 채 눈을 감고 있는데, 신부님이 차례대로 안수를 주시는 것 같았다. 내 차례가 되어 신부님이 머리에 손을 얹으셨나 싶었는데, 머리를 뒤로 민다고 느껴지며 꿈꾸듯이 스르르 넘어진다. 그 순간 뒤에서 누군가가 나를 받았다. 난 봉사자가 뒤에 서 있는 줄도 몰랐다. 겁을 먹고 들어갈 때와는 달리 마음에 평화가 가득 채워졌다.

그런 후에 나의 신앙생활이 의무적인 기도 생활에서 기쁨과 감사의 마음으로 충만해졌다. 그리고 내가 받은 은사는 성경에 맛들이는 은사였는지, 어느 성경 구절을 읽든지 그 말씀들이 꿀맛처럼 달았다. 구약을 읽든지, 4복음을 읽든지, 다 살아계신 하느님의 말씀으로 다가왔다. 그 말씀들이 너무 좋아서 잠언에서건, 시편에서건, 백지에 매직으로 또박또박 써서 부엌이며 화장실에까지 몇 장씩 붙여 놓았다. 나만 알고 있는 게 너무 아깝게 느껴졌다.

어느 날 친정조카가 다니러 왔다가 화장실을 다녀오더니 "고모, 저기 화장실에 붙여 놓은 거 내가 가져가면 안 돼요?" 하기에, "왜 안 돼? 또 써 붙이면 된다. 부엌에도 가봐. 그 말씀도 좋으니까 그것도 가져가." 할 정도로 하느님 말씀에 빠졌다. 그리고 냉담자들과 이야기를 나눌 때 회두하라고 이야기를 하며 적절하게 하느님의 말씀을 인용해가며 대화를 했는데 "아니 어떻게 그렇게 성경을 잘 아세요?" 하며 신기해하였다. 내가 생각해도 그런 타당한 말씀을 예로 들며 이야기를 했는지 나도 모르겠다. 아마 나에게 주신 은사가, 성경에 맛들이는 은사여서 그런 지혜까지 주셨던 것 같다. 그런 좋은 은사를 받고 기쁘게 살다가, 다시 나태해져서 성령을 잠재우고 말았다. 받은 성령이 계속 활동하시게 해야 되는데 그러지 못하였다.

그러나 하느님! 하느님 마음 상해 드리지 않으려고 부단히 노력하며 살고 있습니다. 하느님만 몰랐다면 참지 않고 싶은 일들이 많았지만, 하느님 때문에 참았습니다. 그 결과는 참기를 잘했구나 하는 감사함이 너무나 큽니다. 아멘.

선영이의 응답 한마디

2002년 6월 월드컵이 열리던 해였다.

어느 날인가 4살짜리 외손녀와 TV를 보고 있었는데 무슨 카드 선전을 하는 광고에서 여자 탤런트가 아주 힘 있는 어조로 "여러~분! 부~자 되세요!"라는 멘트를 날리고 있었다. "여러~분! 부~자 되세요!!"라는 말이 끝나자마자 선영이가 그 말을 받아서 아주 커다란 목소리로 "네에!" 하고 대답하는 것이었다. 나는 그 대답이 어찌나 확실하고 똑똑하게 들렸는지 "아휴! 계집애도 꼭 우리들이 축복의 기도 끝에 '아멘!' 하고 대답하는 거와 똑같네." 하며 감탄하였다.

드디어 6월에 월드컵이 시작되고 붉은악마들의 함성이 온 나라가 들썩이도록 울려 퍼지고 걸음마를 할 줄 아는 아기서부터 할머니까지 모두 빨간 티셔츠를 입고 목이 터지게 대한민국을 외친 응원의 힘으로 우리나라가 16강에 들어가면서부터, 선영 아빠가 운영하는 원단 가게에서 빨간 원단이 팔리기 시작하는데 그야말로 불티나게 팔린다는 말이 이런 때 적용되는 말인 듯 직원들이 밤을 새우며 주문량을 처리해도 다 못할 정도로 바빠지기 시작하였다. 우리나라가 시합을 해서 이길 적마다 주문은 밀려들고 직원들 혹사시키는 게 미안해서 보약까지 먹여가며 일을 시켰다.

선영 아빠도 목이 쉬고 손바닥이 아플 정도로 응원을 하면서도 나중에는 한국이 이길 적마다 “아휴 이거 또 이겼네, 어떡하지” 하면서 뛰어나가고 나가보면 사람들이 줄을 서서 기다리고, 너무 힘드니까 나중에는 이제 그만 좀 이기면 좋겠네, 할 정도로 대박이 터졌다. 나는 이런 좋은 일들이 선영이의 기도인 듯싶다. “네에!” 하는 대답 자체가 기도라고 생각했으니까, 말이 씨가 된다고 선영이가 그 광고 멘트가 나올 때 어린아이였지만 그런 염원을 가지고 대답한 것 같다.

“너희들 이번에 빨간 원단으로 대박 터진 거 선영이 기도 덕인 줄 알아라.” 하였더니 선영 아빠와 엄마가 그런 것 같다며 웃는다.

2002년 6월 붉은악마들의 함성 소리가 들리는 듯하다. “대한민국! 짝짝 짝 짝짝” 하는 엇박자 박수 소리도. 다음 달이면 벌써 월드컵이 열리는 때가 또 돌아온다. 올해도 남아공에서 승리의 승전보가 날아들면 좋겠다. 그래서 어깨가 처진 우리 국민들에게 희망의 메시지가 되어 모두에게 즐거운 일들이 팡팡 터지면 얼마나 좋을까.

2002년 4강까지 올라갈 때처럼 또 한 번 기대를 걸고 염원해본다. 이번에도 선영이가 옆에 있으면 좋으련만 멀리 미국에서 살고 있으니 같이 응원할 수가 없어서 아쉽다.

선영아! 사랑해.

4살이던 선영이가 이젠 대학 졸업반이다. 세월이 유수와 같다더니.

2021. 5.

거룩한 사업 번창하시길

프란치스코 교황님이 순교자 124위를 복자품에 올리시려고 우리나라를 방문하신다. 순교자들의 희생이 있었기에 하느님이 우리나라를 특별히 사랑하시는 것만 같다. 그 은혜로 6월부터 8월까지 전대사 기간으로 정하셨다고 한다. 얼마나 감사한 일인지 후손들이 기도해 주기를 목말라 하는 영혼들을 위해서 부지런을 떨어야겠다는 결심을 하였다.

6월이 되었다. 어느 분이 생각날까? 기억을 더듬어 보다가 잠이 들었다. 신앙의 해에 전대사 봉헌을 다 해 드렸다고 생각을 하였다. 그런데 정말 꿈에도 생각을 못했던 정음전 할머니 꿈을 꾸었다. 아, 이분을 꿈에서 다 뵙다니 새삼스러웠다. 몇십 년 전에 돌아가셨기 때문에 잊고 있었다.

아이들이 어릴 때 전세방을 구하려고 집을 보러 갔다. 집주인이었던 정음전 할머니가 "애들은 몇이유?" 물으시기에 "둘이예요" 하였더니 "둘이라고 해놓고 5명을 데리고 오는 사람도 있습디다." 하여서 아주 황당하다는 생각이 들었었다. 이북에서 단신 월남해서 결혼도 안 하고 사셨다. 성당엘 다니셔서 이사 가서는 잘 지냈다.

돌아가실 무렵에 찾아뵈었더니 고맙다며 두 손을 꼭 잡으신다. 그 후로 몇십 년은 까맣게 잊고 살았다. 그런데 그분의 꿈을 꾼 것이다. 아! 기도해 달라는 것으로 금방 이해가 되었다. 평소의 모습처럼 깨끗한 모습이다. 무슨 일인지 5만 원 권을 2장이나 주셨다. 양아들을 위해서도 기도해 달라고 하시는 걸까? 일요일까지는 너무 멀어서 오늘 가까운 황새바위 성지로 달려가서 기도해 드리니 새삼 하느님께 감사한 마음이 들었다.

그렇지 않아도 어느 영혼이 기도해 달라고 신호를 보낼지 은근히 긴장하고 있었다. '제가 기도하게 해 주시니 감사합니다. 그런데 할머니! 저에게 걱정이 있어요. 제 아들 분도가 다니던 회사가 파산이 되어 쉬고 있습니다. 어릴 적에 분도를 보시며 늘 말씀하셨지요. 분도는 하는 행동이 버릴 게 없다며 씨 받을 아이라구요. 분도가 실망하지 않고 적성에 맞는 일을 다시 할 수 있도록 도와주세요. 재취업이 너무나 어려운 것 같습니다. 꼭 전구해 주세요. 복된 영혼이시여.'

분도가 홈페이지 만드는 아르바이트를 하고 있었는데, 그 후에 인터넷으로 사업하는 회사에 취직이 되었다. 다쳤던 무릎의 깁스를 풀던 날 '요즘은 좀 어떠신가요? 저는 회사에 취직이 되어 일주일째 잘 다니고 있습니다.' 하는 문자를 받고 얼마나 기뻤는지, 정음전 할머니가 기도해 주신 것만 같다. 하느님께 감사! 여러 지인들도 분도를 위해서 많은 기도를 해 주셨기에 감사할 뿐이다.

6월 5일 새벽녘에 며느리 친정 꿈을 꾸었다. 가족들이 제사 음식을 장만하고 있다. 바깥사돈께서도 프라이팬에 산적 고기를 굽고 있다. 한참이나 꾸었다. 손자와 며느리, 아들까지도 밝은 모습으로 보였다. 꿈을 깨고 나서 무슨 일로 사돈네 꿈을 다 꾸었나? 혹시 며느리 외할머니의 꿈이 아니었을까 하는 생각이 들었다. 무남독녀 외딸만 두셔서 클라라네 집에서 사시다 돌아가셨다는 얘기를 들었었다. 며느리가 처음 인사 왔을 때 외할머니 이야기를 하며 눈물을 쏟았었다. 자기를 많이 사랑해 주셨다고 한다. 첫 손녀라 더 많은 사랑을 주셨나 보다는 생각을 하였었다.

꿈속에서도 클라라 외할머니의 기일인가 보다는 생각을 하였다. 그분을 뵌 적이 없으니까 제사 음식 준비하는 것을 보며 당신 기도를 해달라는 것으로 이해가 되었다. 신자였는지도 몰라서 클라라에게 문자를 보냈다. '혹시 외할머니가 신자이셨는지? 본명은 무엇인지? 할머니가 기도해 달라고 하시는 것 같다. 너도 어머니도 신앙생활을 안 하고 쉬고 있으니 걱정이 되시나 보다. 너를 많이 사랑하셨다니 이번에 고백성사 보고 할머니 전대사 기도해 드려라.'

'네' 하고 문자가 와서 너무 기뻤다. 할머니가 외손녀를 많이 사랑하셨다더니 이런 기회를 통해서 다시 신앙생활 잘하며 살아가라고 이끌어 주시는구나. 뵌 적도 없는 사돈이셨지만 감사한 마음이 들었다.

이튿날 다시 문자가 왔다. '최승엽 마리아 빅토리나'라며 나한테 부탁을 한다. 아직은 때가 아닌가 보다. 정성껏 봉헌해 드렸다. 하느님, 뵙지는 못했지만, 사돈을 위해서 기도하게 해 주시니 감사합니다.

6월 12일 새벽에 꿈을 꾸었다. 호랑이오빠네를 갔는데, 40여 년 전에 돌아가신 올케가 옛 모습 그대로인 채로 상을 차려 주어서 식사를 하며, 작은아버지가 안 계셔서 보고 싶다는 말도 하였다. 작은어머니도 평상시의 단정한 모습으로 식사를 하신다. 꿈을 깨면서 아, 하느님! 올케에게 전대사 기도를 해 드리라는 거군요. 그런데 2008년에 모두 다 봉헌해 드렸다는 생각이 난다. 1월에 돌아가신 호랑이오빠 기도를 해 드리라고 꿈을 꾸었나 보다고 이해를 하였다.

서요셉 호랑이오빠, 전대사 봉헌해 드립니다. 전대사가 언제나 선포될까 아쉬웠는데 이렇게 빨리 선포되니 감사할 뿐입니다. 돌아가실 때 뵙지 못해서 죄송스러웠는데 기도해 드리게 되어 많이 기쁩니다.

6월 13일 텃밭에 풀을 뽑다가, 흙 속에 무언가 반짝거리는 게 있어서 꺼내니 보석이 40여 개나 박힌 팔찌다. 그곳에 풀을 세 해 여름 동안 한두 번 뽑은 것도 아닌데 지금에서야 보이다니? 이 팔찌의 주인은 누구였을까? 이 집을 짓고 살았던 분이었을까? 아니면 우리가 이사 오기 전에 사셨던 분일까? 궁금하였다.

며칠 후에 꿈을 꾸었다. 어느 모르는 아주머니의 꿈이었는데, 보험을 들러 가야 한다며 어디론가 간다. 옆모습이어서 잘 볼 수가 없다. 거기다 얼굴에는 벌 키우는 사람들이 쓰는 것 같은 가리개를 썼다. 무슨 꿈일까 곰곰 생각해 보았다. 아무래도 이 집에서 살다 병원에 실려 간 채 못 오고 돌아가셨다는 아주머니 꿈 같았다. 나는 얼굴을 본 적도 없지만, 그분이 기도해 달라고 그런 모습으로 보인 것만 같다. 지금까지 전대사 기간만 되면 꾸었던 꿈들로 보아 분명 하느님께 기도해 달라는 것으로 받아들였다.

옆집에 가서 아주머니에 대해서 이것저것 들으며 이름을 물으니 권사님이었다며 알려준다. 아주머니가 돌아가시고 난 후 몇 개월 만에 돌아가셨다는 할아버지를 위해서도 기도했다. 두 분을 위해서는 특별히 연미사까지 봉헌했다. 기도 받고 싶어서 팔찌까지 찾게 해 주신 것 같아서 전대사를 받으면 바로 하늘나라에 간다고 한다. 연미사의 은총은 다른 불쌍한 영혼에게 그 기도가 전달되기를 간절히 바라며 기도해 드렸다. 이금희, 정복기 팔찌를 팔았다. 그 돈은 라파엘 천사기금으로 봉헌하였다. 이금희 할머니 감사합니다.

처음 보는 아주머니가 찾아왔다. 모르는 분이 살림집으로 찾아와서 좀 놀랐다. 몇 개월 전에 다리에 마비가 와서 아들 차에 실려 왔는데, 여기 원장님한테 치료받고 나았다며 호박과 가지 등을 주신다. 그렇다고 살림집까지 오셨나? 의아스럽기도 했지만 차 대접을 하였다. 오랫동안 머무르며 살아가는 얘기들을 한다. 마지막쯤에 재취 시어머니의 이야기를 하는데 50대에 오셔서 30여 년간 살다 돌아가셔서 가족 산소에 모셨다고 한다. 임종 때에도 두 내외가 머리맡에 앉아서 임종을 지켰다는 이야기를 들으며 친어머니처럼 잘 모시고 살았다는 생각에 공연히 감사하다.

성당에 다녔던 분인데 우리 집에서 사는 동안에는 성당에 안 다니셨다는 말에, 순간 며느님이 느닷없이 우리 집에 왜 왔는지를 깨달았다. 꼭 어머니의 영혼이 보낸 것만 같다.

"아주머니가 하시는 말들을 들으며 저만 알아들은 게 있어요. 어머니가 기도가 받고 싶으신가 봐요." 성당에서 부르는 이름을 물으니 모른다며 속명을 알려준다.

'양복명 할머니, 가족들과 마음 상하지 않으려고 신앙생활은 못하고 사셨어도, 마음속으로는 늘 하느님께 기도하며 사셨겠지요. 성당에도 가실 수 없는 형편에 얼마나 외로우셨어요? 전대사 기도 정성껏 봉헌해 드리겠습니다. 부디 하느님 대전에서 평화를 누리소서. 아멘.'

전대사봉헌 하러 갈 때에는 늘 그랬지만 오늘, 여인구 마리아를 위해서 성지를 향해 가는 길은 더 숙연해진다. 여인구 마리아 어머니, 저는 당신을 모르지만 40여 년 전에 둘째를 낳다가 돌아가셨다는 말을 들으며 가슴 아팠습니다. 아드님인 베드로 신부님이 유치원 다닐 때 제 딸과 짝이었던 사이로 얼마 전에야 어머니 이야기를 들었어요. 어린 남매를 두고 떠나셨을 심정을 생각하니 미사 드리러 가는 내내 마음이 아팠어요. 이미 하늘나라에서 평화를 누리고 계시겠지만 남아 있는 신앙 후손들의 정성으로 전대사를 봉헌합니다. 부디 베드로 신부님이 하느님께 맞갖은 사제가 되시길 기도합니다. 미사 중에는 눈시울이 뜨거워지도록 은혜로운 미사가 되었어요. 여인구 마리아 어머니시여, 세상에 남아 있는 저희들을 위해서 기도해 주세요.'

비티아(Catharina)님이 댓글을 올리셨는데 남기고 싶었다. 배티 순교자 성지에서 카페활동을 하시며 기념관에서 봉사활동을 하는 신심이 깊은 분이시다.

이분의 글에서 많은 것을 배웠다.

전대사의 은총을 아주 알차고 제대로 봉헌하고 계신 모니카님!

꿈속에서. 다양한 방법으로 자신들의 연옥의 고통을 끝내게 해줄 전대사의 은총을 청하는 영혼들의 무언의 이야기를, 알아들을 수 있는 영적 지혜를 아버지께 선물 받으신 모니카님. 이번 전대사에서도 많은 영혼들을 연옥의 고통에서 벗어나게 해 주셨군요.

잠벌의 사함을 받고 천국으로 올라가신 영혼님들 축하드립니다.

모니카님… 앞으로 남은 기간 동안 많은 영혼들을 위해 전대사의 은총을 봉헌하러 열심히 성지로 거룩한 발걸음 옮기시겠네요.

거룩한 사업 번창(?)하시길 기도드립니다.

영혼들의 참 아버지이신 하느님은 찬미와 영광 받으소서.

2014. 7.

내 사전에 거짓은 없다

90년대 상록 컨트리에서 라운딩할 때였다. 어디에서 왔는지 버려진 것처럼 보이는 개가 우리 팀을 따라다니고 있다. 다음 홀로 갈 때에는 우리보다 먼저 가서 기다린다. 캐디 말이 어디에서 왔는지 며칠 전부터 자기만 따라다닌다고 했다. 개도 자기를 버리지 않을 사람으로 알았나 보다. 어느 몹쓸 주인이 병들었다고 내다 버렸을까?

남편이 티샷을 멋지게 날렸다. 그러자 개가 뛰어가더니 그 공을 덥석 물고 앞으로 걸어간다. 네 사람이 동시에 소리를 질렀다. "야! 그 공 거기다 놓고 가." 들은 척도 안 하고 계속 앞으로 간다. 더 크게 소리를 질러대자 힐끗 돌아본다. 상황이 더 물고 가다가는 쫓겨날 것 같은지 얌전히 내려놓고 언덕으로 올라가서 앉아 있다. 그때 잠정구를 다시 치고 어떻게 하나 두고 볼 것을 공연히 아우성을 쳤나 싶기도 하다.

그냥 두었으면 홀컵까지 물고 가서 홀인시켰을까? 새가 물어다 넣었다면 버디지만 개가 물어다 넣어주었으면 뭐라고 해야 되나? 새삼 그 장면들이 떠오르며 동반자들이 보고 싶다. 율리안나 형님은 이미 하늘나라에 계시고 한 분은 골프를 접었으니 남편과 둘이 옛날 얘기를 나누며 다닐 수밖에 없는 현실이 안타까울 뿐이다.

파크골프 경기 중이었다. 4명이 한 팀이 되어 치고 있는데 다른 지역에서 온 두 여성 골퍼가 번갈아 오비를 낸다. 안 되겠는지 내 옆으로 오더니 오비가 나면 봐주자고 한다. 오비 날 적마다 벌타 2타씩을 빼자는 얘기다. 그 경기에서는 선수들 스스로가 기록을 할 때였다. 하도 황당한 얘기여서 어안이 벙벙하였다. 친선경기를 할 때면 타수를 말할 때 한 타씩을 줄여서 말하는 경우는 보았다. 그러나 경력이 있는 동반자는 알고 있다. 거짓을 말하고 있는 것을, 그냥 모른 척할 뿐이다. 동반자 중에 정직이 몸에 밴 선수는 캐디가 한 타를 줄여서 적으면 제 타수를 알려준다. 반대로 비양심인 사람은 자기 타수인 양 가만히 있다. 그 사람과 한 팀이 안 되기를 바랄 뿐이다. 즐겁지가 않기 때문이다.

오비를 내놓고 안 난 걸로 하자는 얘기는 난생처음 듣는다. 이런 말 듣는 자체가 공연히 부끄럽다. 해서는 안 될 말을 하고 있다. 그것도 귀한 아들, 딸을 키웠을 어머니인 여성 골퍼가, 그런데 나한테는 씨도 안 먹히는 얘기다. 미안해할까 봐 화를 안 내고 가만히 듣기만 하는 것도 인내심이 필요했다. 충주에서 온 선수는 나보다 한술 더 뜬다. 그런 말이 어디 있느냐고 정색을 한다. 나도 물론 오비를 냈다. 그러니까 같이 거짓말을 하자는 것이겠지. 차라리 경기에 나오지 말 사람들이 나와서 스스로에게 부끄러운 말들을 하고 있다. 파크골프의 순수한 목적이 경기로 인해서 타락된다면 본래의 목적인 앉아만 있는 노약자들을 위한 운동으로 되돌려 놓아야 한다.

부여 군수배 경기를 할 때였다. 파 파이브에서 내가 두 번째 친 공이 살짝 오비가 났다. 안타까웠지만 할 수 없는 일이었다. 기록자가 조금 벗어났으니 그냥 치라고 하였다. 하지만 난 용납이 안 되어 스스로 오비로 처리하고 다음 샷을 하였다. 먼 곳이었는데 멋지게 홀인한다. 그때의 뿌듯함이란, 만일 오비로 처리하지 않고 이글을 했으면 두고두고 찜찜한 경기였을 것이다.

90년대에 KPGA 골프 경기장면을 TV로 생중계하고 있었다. 상위권 선수였는데 모 선수가 기록카드에 1타를 줄여 적은 선수가 있었다. 그것이 발각되어 그 경기에서도 탈락이 되었지만 3년이라는 자격정지의 중징계를 당했다. 내가 다 부끄러웠다. 그 후에 어떤 경기를 하고 다녔는지는 기억이 없다. 다만 그날의 경기 모습만 또렷하게 생각나며 지금도 이름이 기억되는 비굴했던 선수로만 남아 있다.

모든 일에 정직이 기본이 되어 있어야 떳떳하게 일상생활을 할 수가 있다. 입만 열면 거짓을 말하는 이들이 너무나 많다. 양심이 시키는 대로 해야 되는데 어떻게든 거짓을 말하면 임시방편은 될지 모르지만 자기는 알고 있지 않은가? 스스로에게 정직하게 살다 가야지, 흙으로 사라질 몸, 무엇 때문에 거짓을 말하며 살다 가려고 하는지, 이해가 안 될 뿐이다.

내 신앙의 길잡이가 되시는 분과 어떤 사안을 놓고 진위를 가릴 때가 있다. 그런 경우 내가 그건 이렇게 된 일이었어요, 한 말씀 드리면 그것으로 오케이!라는 말이 나온다. 모니카가 그렇다면 믿지, 하신다. 몇십 년 지내는 동안에 서로 간에 행동들을 보며 쌓아온 신뢰이다. 나 역시 그분의 말은 토 하나 달지 않고 인정을 한다. 상호 간의 신뢰가 쌓이면 분분하게 가부를 논할 일이 없다.

파란 하늘과 하느님이 내려다보시는 앞에서 거짓을 하자고 하면 숨 쉬며 살 자격이 있는지, 남의 집에서는 지푸라기 하나라도 들고 와서는 안 되는 일처럼 같은 맥락이다. 내가 너무 지나친 것일까? 그래도 내 사전에 거짓은 없다.

4년 전에 내 파크골프채를 가져가서 나를 황당하게 만든 사람은 누구였을까?

• 이구아나가 물고 간 공.

• 새가 물고 가다 떨어트린 공이 갤러리 중의 어떤 사람 주머니에 들어갔다.

• 날아가는 새를 맞추어서 공이 사라졌다.

• 매기가 물고 가다 물에 떨어트렸다.

이런 경우 원래 있던 자리에다 리플레이 한다.

실제 장면들을 텔레비전 화면으로 보는데 어느 갤러리 주머니로 들어가는 공을 보며 마술을 보는 듯 즐거웠다.

2020. 7.

울 밑에 귀뚜라미 우는 달밤에

추석 전날이면 가족들을 만나는 기쁨에 마음이 들떠 있는데 아무도 올 수 없는 하루가 다 지나가고 있다. 남편과 둘이서 쓸쓸하게 추석 전날 밤을 보내고 있다. 태어난 후 가족이 오지 않는 추석은 처음 겪는 일이다. 손자가 사는 같은 서울이었으면 겪지 않을 일을 부여로 이사 온 탓에 겪게 되니 이번만은 이사 온 것이 후회가 된다.

이번 추석에는 고향 가는 것을 중단하라고 온 매체에서 떠든다. 코비드19의 확산을 막기 위해서라고 하니 엇박자로 나갈 수도 없고, 모두가 조심하는 수밖에 없다. 외국에서는 하루에 일천 명씩 죽어서 관이 쌓이는 것을 보며 대재앙 앞에 할 말을 잃고 기도하게 된다. 추모관이나 성묘도 가지 말라는 부탁이다.

TV에서는 국민가수 나훈아가 15년 만에 코비드19로

지친 국민들을 위해서 노개런티로 방송 무대에 출연한다고 대대적으로 홍보를 한다. 기다릴까 하다가 초저녁잠이 많아서 포기하였다. 가족들이 모였다면 잠을 쫓고 시청하였겠지만 이미 하품이 나기 시작하니 재방송을 봐야지 하는 마음이었다. 그런데 재방송을 안 한다는 기사가 뜬다. 이왕 지친 국민들을 위한 무대라면 어떤 이유로든지 방송을 못 본 팬들을 위한 배려가 있었으면 하는 마음이 들지만, 안 한다는데 별도리가 없다.

유독 어머니를 그리는 노래가 많은 가수이다. 특히 「홍시」란 노래와 '어메 어메 우리 어 메'라는 가사만 들어도 눈물이 나게 만든다. 머리가 희끗한 가수가 부르는 노래를 들으며 엄마 생각에 가슴이 허전해지곤 했다.

엄마가 살아 계실 때에, "엄마! 나는 왜 발바닥이 아픈지 모르겠어요?" 하면 "병원에 가 봐라, 오래 두지 말고~" 하며 발을 주물러 주시곤 했다.

70년대에 이미 어머니가 떠나시고 난 뒤에 자동차를 샀다. 친정에 갔다가 작은어머니를 모시고 아산만까지 다녀올 때였다. 작은어머니가 "형님이 받으실 효도를 내가 받는구나" 하며 안 계신 동서를 그리워하신다.

일찍 잤으니 일찍 깨었다. 4시경에 눈을 떴는데 다시 잠이 올 것 같지는 않아서 이런저런 생각을 하며 누워 있는데 무슨 일인지 다른 가사는 생각이 안 나고 '울 밑에 귀뚜라미 우는 달밤에 기럭기럭 기러기 날아갑니다.' 하는 가사만 되풀이 생각이 난다.

초등학교 시절에 불렀던 동요라 갑자기 궁금해져서 검색을 해서 전문을 알게 되었다. 가사가 어찌나 슬픈지 가슴이 다 먹먹해진다.

기러기

윤복진 시, 박태준 곡

울 밑에 귀뚜라미 우는 달밤에
기럭기럭 기러기 날아갑니다.
가도 가도 끝없는 넓은 하늘로
엄마 엄마 부르며 날아갑니다.

먼 산에 단풍잎 붉게 물들어
기럭기럭 기러기 날아갑니다.
가도 가도 끝없는 저 먼 나라로
엄마 엄마 부르며 날아갑니다.

월북을 하였기 때문에 1950년대 이후에는 부르지 못하게 했고 교과서에서도 삭제를 하였다고 하는데 이 새벽에 뜬금없이 이 노래가 왜 생각이 났는지 알다가도 모를 일이다.

1907년에 대구에서 태어나시고 1991년에 돌아가셨다고 되어 있다. 윤복진 시인의 이름도 처음 들어본다.

입속으로 한참을 부르다가 오늘도 귀뚜라미가 울고 있나 싶어서 창문을 열어보니 이미 날씨가 차가워져서인지 귀뚜라미도, 다른 풀벌레 소리도 들리지 않는다. 특히 밤이면 합창으로 얼마나 울어대는지 잠을 설치게도 만들더니 창문을 닫고부터는 무심하게 지냈더니 생명을 끝내고 빈 허물로 남았나 보다.

그런데 아니었다. 풀이 남아 있는 옆 담장 아래로 옮겨갔는지 풀벌레들의 합창이 은은하게 들려온다. 내가 밤마다 너무 시끄러워서 내 창문 옆 풀들을 베었더니 그쪽으로 옮겨갔나 보다. 풍악소리도 멀리서 들어야 더 좋은 것처럼 풀벌레 소리도 은은하게 들어야 운치가 있다.

그리운 고향

먼 산에 진달래 울긋불긋 피었고
보리밭 종달새 우지우지 노래하면
아득한 저 산 너머 고향집 그리워라.
버들피리 소리 나는 고향집 그리워라.

이 내 몸은 구름같이 떠도는 신세임에
나 쉬일 곳 어디인가 고향집 그리워라
새는 종일 지저귀고 행복도 깃들었네.
내 고향은 남쪽 나라 고향집 그리워라

이 시도 너무 아름다워서 적어보았다.

그 외에도 「기차가 달려오네」 「발자국」 「아기참새」 등을 저술

한 아동문학가이기도 하셨다고 소개가 되어 있다.

고향을 그리워하고 엄마 엄마 부르며 날아가는 기러기를 보며 시를 지으신 선생님! 다시 돌아올 고향으로 알고 계셨을 텐데, 영영 오지 못한 고향을 얼마나 그리워하며 살다 가셨을까 안타깝기 그지없다.

이제야 가슴이 아려오는 기러기 노래가 생각난 이유를 알 것 같다. 기도해 달라는 사인처럼 느껴진다. 하느님, 아름다운 마음으로 살다 가신 영혼을 사랑하시는군요. 기도하게 깨우쳐 주시니 감사합니다.

꿈에 보여서 기도해 드리는 영혼은 있었지만, 갑자기 어릴 적에 부르던 동요가 생각이 나서 기도해 드릴 수 있으니 하느님의 은총을 받으실 분이었나 보다. 기러기 노래를 작곡하신 박태준 선생님을 위해서도 전대사 기도를 해 드리니 더없이 기쁘다.

천 년도 당신 눈에는 지나간 어제 같다는 말씀이 새삼스러워지는 추석날 새벽이다.

하느님 아버지! 해돋이에서 해넘이까지 영원무궁토록 찬미 영광 받으소서. 아멘!

2020. 10.

나는 복이 많은 사람

나에게는 나를 행복하고 복이 많은 사람이라고 자긍심을 갖게 해 주는 애독자가 계시다. 그 독자분을 생각하면 급한 성격을 누르고 마음이 따뜻해지는 글을 써야지 하며 마음을 다스리게 된다.

2016년 『모니카의 낙서장』이 출간되었다. 그해 연말에 사비문학 모임 중에 『모니카의 낙서장』 출판기념식도 함께 열어주었다. 사비문학 회원이 된 지 얼마 되지도 않은 시점인데 다른 시인분과 함께 출판기념까지 열어 주어서 너무 감사하였다. 실은 얼떨결에 참석한 기념식 자리였다. 아직 그런 행사에 참여한 적이 없어서 사례도 못하고 말았다. 사비문학 발전 기금을 성의껏 내었어야 도리에 맞는 일이었다.

꽃다발을 한아름 안고 기쁜 마음으로 집에 돌아왔다.

그 밤에 모르는 번호로 메시지가 들어왔다. 수필집에 있는 전화번호를 보고 독후감을 보내주셨구나 하는 생각이 들었다. 지금에서야 그 글을 간수하지 못한 것이 아쉽다. 며칠 후에 블로그 글 밑에 댓글을 달아주셨다.

'지난해 지인 몇 분의 초청으로 참석한 사비문학회 송년회에서 무심결에 받아온 책 중에서 오늘 읽은 서 작가님의 글이 제 마음을 젖게 하였습니다. 살면서 느끼는 아름다운 생각을 이렇게 표현할 수도 있는 분이 멀지 않은 곳에 사신다는 사실에 제가 부여로 귀촌하길 잘했구나, 생각하였습니다. 성당에 다니지는 않지만 진한 설교를 들은 것 같아서 마음이 행복합니다.'

그 후에도 좋은 글들이 카톡으로 계속 들어와서 고맙다는 말과 함께 일일이 답글을 보내지 못하더라도 양해해 달라고 하였다. 그분은 식장에서 나를 보았지만 나는 그분이 누구인지도 모른다. 행사에 참석했던 분 중의 한 분이겠지 생각만 하였다. 어려서부터 자라온 환경이 일면식도 없는 사람한테 오는 문자에 일일이 답장까지 보내는 것은 내 경우에는 거리가 있는 행동이었기 때문이다.

하루는 마음에 담아두고 싶은 서정적인 글이 왔다. 글이 얼마나 마음에 드는지 그분에 대해서 궁금증이 생겼다. 너무나 정성어린 글들이 그분의 인격이 보이는 것 같았다. 남자분인가 했는데 보내져 온 글을 보고 여자분인가 싶었다.

그래서 물었다. 좋은 글을 보내주셔서 감사합니다. 그런데 선생님은 남자분이세요? 여자분이세요? 하고. 답문이 왔다. 제 이름을 검색하면 잘생긴 의사분이 보이실 겁니다. 그분 옆에 또 한 사람의 동명이인이 저입니다. 얼른 검색하니 의사분보다 더 멋있는 분이 보여서 공연히 기분이 좋았다. 전직 교장을 지내신 남자분이셨다. 그동안 그냥 몇 번 카톡 문자를 보내다가 말겠지 하고 대수롭잖게 대해 드린 것이 큰 실례라는 생각이 들었다.

그후에도 나는 만나볼 수도 없는 글들이 계속 들어왔다. 그분께 대한 내 마음가짐이 너무 무례한 것 같았다. 그래서 정중하게 문자를 보냈다. 만나서 식사라도 하며 이야기를 나누고 싶다고 하였더니 약속 날짜를 보내주셨다.

일 년 중 가장 아름다운 계절 오월이 되어서야 약속이 되었다. '혼자 나오시지 말고 사모님과 같이 오세요.' 부탁드렸다.

두 분이 같이 나오셔서 카톡으로 친해진 독자분을 만나는 영광을 가지게 되었다.

한결같다는 말을 이런 때 쓰는 말인 듯하다. 어쩌면 그렇게도 한결같이 좋은 글을 보내주시는지 내가 복이 많은 사람이구나, 스스로 느끼게 해 주시는 분이다.

10여 년 전 딸이 미국으로 가면서 흩어져 있던 내 글들을 모아 놓은 블로그를 만들어 주고 떠났다. 특히 제기동 성당 게시판에 1년 동안 눈물로 올리던 글들이 없어지기라도 하는 것처럼 걱정하였더니 만들어 주었다. 하늘나라에 있는 '어린 천사 라파엘'에 대한 기도 같은 글들이 지금도 축복처럼 다가온다. 1년을 한결같이 기도해 주시던 지인께서 라파엘이 이 가정에 수호천사가 되었다고 격려해 주신 것처럼 라파엘 천사가 엄마 아빠를 위해 기도해 주는 것 같다. 우리 모두를 위해서도, 지금도 깊은 한숨이 토해지도록 라파엘이 보고 싶지만 그래도 요즘은 생각날 때면 블로그에 있는 라파엘에 대한 글을 읽어본다. 천국에 있는 라파엘을 그리며.

하루는 억울한 누명을 쓴 채 영어의 몸으로 고생하고 있는 분을 위해서 기도처럼 매일 적고 있는 시편 글들을 가족들이 있는 카톡방에서라도 함께 읽으며 기도하자고 부탁하고 싶은데 옮길 줄을 몰랐다. 혹시나 해서 그 독자분께 부탁하였다. 혹시 제 블로그 글을 카톡으로 보내 주실 수 있는지 문자를 보냈다. 그야말로 빛의 속도로 들어왔다. 새벽이었는데 그 시간에 내 블로그에 계셨던 것 같았다. 나는 정말 복이 많은 사람이라고 스스로 자긍심을 갖게 된다. 제대로 된 글들도 없는데 새벽부터 방문해주시니 부끄럽기만 하다. 덕분에 시편 기도를 카톡에서 공유할 수가 있어서 같이 기도가 된다.

잠이 안 올 때면 새벽에 일어나 블로그에 시편 기도를 올리는데 그 꼭두새벽에도 누군가 들어온 흔적이 있다. 혹시 그분이 아닐까 싶어 행복한 하루 보내시길 기도하게 된다. 언제고 '참 잘 쓴 글이다.' 하는 수필을 단 한 편만이라도 써서 내 독자분께 읽게 해 드리고 싶다. 내가 좋은 글을 읽을 때 행복한 것처럼 그분도 내 수필로 인해서 행복해지시길 간절히 바라게 된다.

코비드19가 끝나면 내외분 모시고 창문이 넓은 곳에서 이 세상 살아가는 이야기들을 나누고 싶다. 긴 세월을 살았지만, 어제인 듯 지나간 시간들을 갈무리하는 담소라도 나누고 싶다. 두 분 건강하셔서 좋은 글이 나오는 날까지 나의 독자가 되어주시길 늘 기도하게 된다.

2020. 8.

누가 시집살이를 맵다고 했나

26세 올드미스로 결혼하면서도, 살림엔 문외한이었다. 우리 시아버님 친구분이 사촌언니의 시부님인데 친정 동생 중에 결혼 안한 사람이 있으면 중매하라고 하여 나를 말씀드렸더니 당장 선 볼 날짜를 잡으라고 하였다. 사촌언니가 시댁 어른들에게 예쁨 받고 사셨나보다.

우리 오빠가 신랑 될 사람이 한의원을 한다고 하자, 어떤 사람인지 알아보려고 숙모님이 위장병으로 고생하시는데 상담 좀 하러 왔다고, 미리 가서 선을 보고 오셨다. 마음에 드셨는지 바로 맞선 날짜를 잡았다.

연애도 못해 본 주변머리라 끌려나가는 수밖에 없었다. 2층에 있는 미장원에 가려고 계단을 올라가는데 선보러 나온 처녀가 조심성도 없이 다람쥐처럼 단숨에 올라갔다. 그런데 1층은 이발소였다. 신랑 될 사람은 선보는 줄도 모르고 이발소에 왔다가, 유리창으로 머리를 묶은 웬 아가씨가 뛰어 올라가는 걸 보고 참 방정맞기도 하다고 여겼는데, 뒤에는 한복을 곱게 차려입으신 할머니가 따라 올라가서 오늘 무슨 좋은 일이 있나 보다고 생각하였단다. 맞선 장소에서 우리를 보고 속으로 놀랐단다. 유리창으로 미리 본 사람이어서 혹시 인연인가 싶기도 하였단다.

나는 두 명이나 되는 올케들과 같이 살아서 조카들은 보아 주었어도, 밥이나 빨래는 내 소관이 아니라고 생각하였다. 그런 나를 막상 결혼을 시키려니 걱정이 되셨는지, 오빠가 나를 부엌에 집어넣고, 밥 짓는 걸 배우라고 하며, 열흘 정도를 올케들 보고 도와주지 못하게 하였다. 진즉에 배울 것을 후회했지만, 이미 때는 늦었다. 하루는 진 죽을 해 놓고, 하루는 삼층밥을 하는 등 진땀만 흘렸다. 볏짚을 때서 하는 거라 더 힘들었다. 반찬은 어떻게 하는 건지 감도 잡지 못했다. 말괄량이가 따로 없었다.

그런 상태에서 결혼을 하였다. 끼니때만 되면 난감한데, 시어머니가 시누이들을 꼭 부엌으로 들여보내서 같이 하게 하셨다. 며느리라고 미리 나가서 준비하려고 해도, 어떻게 해야 할지 엄두가 안 나서 우두커니 서 있곤 하였다. 그때 어머니가 얼마나 고마웠는지 지금도 감사하다. 시집살이가 맵다는 말은 나에게는 해당이 안 된 것 같다. 십여 일 정도 있다가 한의원이 있는 곳으로 살림을 나는 바람에 그나마도 해방이 되었다.

어머니는 8남매를 두셨다. 셋째를 낳고, 시집살이를 하시느라

산후조리를 못하셨다고 한다. 천식이 고질병이 되어 늘 아프셨다. 남편은 대학 다닐 동안 어머니 약을 많이 지어드렸다고 한다. 어머니가 아비가 지어준 약 찌꺼기가 몇 바수거리가 되는지 모른다며, 그나마 이렇게 사는 게 아비 덕이라고 하셨다.

돌아가시던 해에도 병환이 너무 깊어서 입원을 하셨는데, 의사가 어머니의 상태를, 바작바작 깨지기 직전의 항아리 같다고 하며, 스테로이드 약을 많이 쓴 탓이라고 한다. 병원에서는 영양제도 놓아 드릴 수가 없다고 하여 서울로 모시고 왔다. 서울로 가시자고 하자 얼마나 좋으신지, 퇴원 수속도 하기 전에 날아갈 듯이 서두르신다. 서울에 오실 때는 허리가 아파서 걷지도 못하셨는데 한 달쯤, 아들의 치료를 받으시자 허리를 펴고 걸어 다니신다.

우리 집으로 모시고 와서 치료해 드린 것은 너무나 잘한 일이었다. 그런 일로라도 아들 집에서 한 달간이나 머무르셨으니 어머니는 여한이 없으셨을 것 같다. 그때도 며느리의 솜씨는 여전해서 죄송했지만, 그래도 타박 한 번 안 하셨다. 하루는 외출했다 돌아오니 母子가 두런두런 이야기를 하며 저녁밥을 짓고 있다. 깜짝 놀랐지만 속으로는 감동했었다.

시골집에 모시고 갔다. 집에 도착하자 춘향이가 감옥에서 이 도령을 만나는 것처럼, 아버지 만나신 걸 얼마나 반가워하시는지, 내가 건넌방으로 자리를 피해드렸다. 한 달 넘게 떨어져 사신 게 그렇게 오랜 세월이었나?

그해 추석에 자손들을 마지막으로 만나셨다. 이튿날, 모두 돌아간 후 저녁 무렵에 "어째 머리가 아프다."고 하시더니 그 밤에 운명하셔서 같이 사는 넷째 아들만 임종을 지켰다. 64세에 돌아가셔서 너무 안타까웠었다.

이듬해 추석날이 소상이라 온 가족이 연도를 하려고 어머니 영정 앞에 앉았다. 시편으로 된 기도문, '주여, 나 깊고 그윽한 곳에서 네게 부르짖나이다.' 하는데, 눈물이 팍 쏟아진다. 꼭 어머니가 옆에 오신 것만 같았다. 울음을 진정시키느라 기도도 못 하였다.

임종하실 때 쓸쓸하게 돌아가셔서일까 추석 때마다 가족이 다 모이는 날, 기도할 수 있도록 추석 다음 날 하늘나라로 가시니 바빠서 못 온다는 핑계도 안 하고 모두 모여 기도하게 된다. 우리 어머니도 자식들을 배려하신 것만 같다. 어머니! 달도 밝은 한가위에 모두 모여 기도할 수 있게 해 주시니 감사합니다.

첫아이 돌 때 엿기름을 빨아 놓으라고 하셔서, 맑은 물이 나오도록 한 동이를 만들어 놓았다. 어머니는 난감하셨겠지만 그냥 웃으신다. 오히려 친정어머니가 사돈 보기가 민망하셨는지, 눈을 흘기며 기막혀 하셨다. 그 엿기름물로 집주인 아주머니가 고추장을 담았었다.

분도는 첫 손자라고 10살 생일 때까지 팥 단주를 해 주셨는데, 손자로 인한 행복을 길게 누리지 못하고 가셨다. 내가 할머니가 되어, 손자 때문에 행복하다 보니 일찍 가신 어머니가 더 안타까워진다.

천방지축 며느리가 어머니 하늘나라 가실 때보다 더 많이 살았다. 생전에 시집살이 한 번 안 시키고 다독여 주셔서 감사할 뿐이다. 그러나 평생 시집살이를 안 시키는 1등 공신은 남편이었다. 누가 시집살이를 맵다고 했던가?

3

풀꽃 같은 향내로

천사 떠나신 날

2008년 성탄을 앞두고 6살 된 박경원 라파엘 어린이가 뇌종양으로 1년간의 병고를 치르고 하늘나라로 떠났다. 그의 부모는 유빌라떼 부부 성가대에서 열심히 봉사하는 등 온 가족이 신앙심이 넘쳤다. 경원이의 죽음은 본당 전 신자들의 슬픔이었고 부모들에게는 평생 아들을 가슴에 묻어야 하는 가장 고통스러운 시련의 날이었다.

전원(錢源) 신부는 장례미사 후 유족들이 준 예물을 종잣돈으로 삼아 그해 성탄절 라파엘 천사기금을 마련하였다. 라파엘이라는 의미는 '주님의 치유'라는 뜻이다. 따라서 박경원 라파엘은 떠났지만 천사가 되어 제기동 성당의 가난한 이들이 병이 났을 때 이들을 돕고 치유하는 일을 계속하게 되었다. 이 천사기금은 나날이 늘어나 현재 3천만 원에 이르고 있고 현재도 병으로 고통 받는 이들을 돕고 있다.

다음 글은 제기동 성당 인터넷 게시판에 실린 박경원 라파엘의 외할머니 서달희 모니카 씨의 글이다.

나에게 2008년 12월까지 만 1년이란 세월은 눈물로 지내던 마음 시리던 날들이었다. 외손자가 뇌암이란 중한 병에 걸려 6살에 하늘나라 갈 때까지, 얼마나 울고 다녔는지 지금도 그때 생각만 하면 눈물이 흐른다. 그때 이미 눈물샘이 터졌는지 별일이 아닌 것에도 눈물이 주르륵 흐르곤 한다. 그래서 누군가에게 말했다.

'나에게 눈물 연기하라고 하면 금방이라도 눈물을 흘릴 수 있는데…'라고. 지인들이 외손자 이름 라파엘의 '라' 자만 불러도 목이 아파 오고 눈물이 났다. 보내고 나서 얼마 동안 친지분들이 위로 전화를 하면, 목이 메어 수화기를 들고만 있다가 놓곤 하였다.

일 년 동안 병원에 드나들며 눈물 속에 살았지만, 보내고 나서도 몇 개월 동안은 아침저녁 기도만 하려고 앉으면 자동으로 눈물이 줄줄 흘러서 입속으로만 기도를 하곤 했다. 이젠 많이 희석이 되었지만 그래도 시도 때도 없이 내 눈물은 흐른다.

1년 동안 기도하며 넋두리처럼 썼던 낙서장은 새삼 마음이 아플까봐 아직도 다시 못 읽어보고 있다. 훗날 마음이 편해지면 다시 읽어보려고 한다. 그때가 언제일지는 짐작도 안 가지만, 어린 천사가 되어 하늘나라에 간 라파엘을 다시 만나러 갈 때쯤이나 읽어보게 될지.

어제 어느 모임에서 천안함 사건에 대한 이야기를 나누다가 목이 메어서 말을 잇지 못하였다. 그렇게 눈물이 흐를 일이 아니었는데, 아마 또 라파엘 때문에 그런 것 같았다.

2010. 4. 1.

돌아가실 때나 엎드려 절할래?

5월 초, 가장 좋은 계절에 70대의 작은 오빠가 돌아가셔서 아쉬움을 남기더니 10월에는 60세의 둘째 시누이가 하늘나라로 가 버려서 슬픈 마음을 달래고 있다. 난 시누이들 하고도 잘 지냈기 때문에, 시누이라는 생각이 안 들 정도로 사이가 좋았다. 무슨 일이 있을 때마다, 나를 많이 도와주었는데 위암 진단 받고 3개월 투병 끝에 가 버리니까 이럴 수는 없다는 생각만 든다. 지난 5월이 회갑이었는데 서울 형제들 세 집이 모여서 점심만 먹었다. 8남매가 다 모이자고 하였지만 할 일도 못하고 사는데 누굴 부르느냐고 30이 넘은 아들, 딸을 짝을 못 채워 줬다고 부끄럽다고 하였다.

5월 시누이 생일에 우리 아이들에게 올해 고모가 회갑년인데 선물을 해 드리라고 하였다. 그동안 고모가 너희들이 어릴 때에도, 또 결혼할 때에도, 얼마나 기뻐하고 좋아하셨느냐고 평소에는 못하더라도 이름 있는 날이니 꼭 하라고 하였다. 고모한테 작은 행복이라도 드리라고, 그러면서 왜 그랬는지 돌아가실 때나 부조금 내며 엎드려 절할래? 하는 말까지 하였다.

딸은 현금으로, 며느리는 화장품으로 선물을 드렸다. 조카들한테 선물을 받고 얼마나 기뻐하던지 내가 조언을 잘했다는 생각이 새삼 들었다. 그런데 5월에는 전혀 아프지 않았는데, 왜 '죽으면 부조금이나 낼래?' 하는 말을 했는지 이해가 안 간다. 미루지 말고 꼭 선물하라는 뜻에서 한 말인 것 같다. 그렇게까지 말하지 않았어도 아이들이 다 알아서 할 텐데 왜 그런 말을 했는지 지금까지도 그 말이 마음에 걸린다.

임종할 때 전혀 의식이 없는 상태에서 십자 성호를 5번이나 긋고 마지막 성호를 긋고는 팔을 내리며 임종했다고 한다. 살면서 마음이나 육체적으로 고생을 많이 해서인지 불쌍한 마음이 많이 든다. 죽음만이 완벽한 치유를 받는다고 한다. 고통 중에 있던 육신은 편안하게 누이고, 영혼은 하늘나라에서 편히 쉬시길 기도할 뿐이다.

임종하기 전 추석날, 손님들을 보내고 나서 갈비 구운 것 하고 미역국을 가지고 갔더니 어찌나 맛있게 먹는지, 손님들을 많이 치른 후라 힘들어서 나중에 갈까 하다가 서둘러 간 것이 잘했다는 생각이 든다. 또 먹을 거라며 남은 음식을 잘 두었었는데, 그 음식이 이 세상에서의 마지막 식사였던 것 같다.

2007. 10. 10.

핸드폰 때문에 겪는 괴로움, 아니 행복

며칠 전 추석이 끝난 후라 고단하게 잠이 들었다. 잠속에 무슨 소리가 간헐적으로 들리는 듯싶기도 하고 계속 꿈속을 헤매었다. 무슨 일인지 웬 전직 대통령의 모습도 보이고 정신없이 여기저기 다니는 꿈을 꾸었다. 이러니 깊은 잠이 아니고 잔 듯 만 듯하였다. 그런데 새벽녘이 되어서야 그 원인을 알게 되었다. 꿈속에서 들었던 어떤 소리가 또 들리는 데 세상에! 메시지 왔다고 울리는 알람 소리가 아닌가.

아이코 약 올라, 분명 내가 메시지 받기 싫어하는 그 사람일 거야. 그래서 내용 확인도 하기 싫어서 일단 폴더만 열었다 닫았다. 아침에 마냥 안 볼 수가 없어서 메시지 확인을 해보니 이번엔 엔도르핀이 팡팡 나오는 내용과 발신자 이름이 떴다.

“잘 도착하였습니다. msn으로 다시 연락드릴게요.”

6개월간 미국으로 장기출장을 간 아들한테서 온 메시지였다. 미국에서 보낸 메시지? 혹시나 해서 나도 몇 자 적어 보내니 그야말로, 일사천리로 전송이 된다. 그래서 다시 재전송.

‘너무나 신기하다. 서울에서와 같이 문자를 주고받다니, 잘 지내고 아침저녁 기도 꼭 해라.’

어제 저녁에 또 겪은 이야기, 어제도 또 꿈속을 헤매느라, 잠을 자는 둥 마는 둥 하는데, 어젯밤 꿈속에서는 무슨 일인지 미숙 언니 꿈만 계속 꾸었다. 그래도 그것이 알람 소리인 줄을 모르고 곰탱이처럼 꿈속만 헤매었다. 반가운 사람의 꿈이라 그런지 기쁜 꿈이었다. 역시 새벽이 되어서야, 알람 때문인 걸 알았다.

‘어이구 저놈의 핸드폰, 오늘은 밖에 내다 놓든지 무슨 조치를 취해야지.’

그런데 열어보니 미숙동에서 보내준 행복채널과 kim님이 카페에 글 올렸다는 반가운 소식, 이런 메시지는 얼마든지. 괴로움이 아니라 즐거움이다.

또 한 가지 사연, 언젠가 한참 맛있게 자고 있는데 머리맡에서 삐삐거리는 알람 소리. 누굴까? 이 밤중에, 불을 켜고 확인해 보니, 조카딸이 문자를 보냈다.

‘너 왜 한밤중에 이모 깨우고 난리야!’

답장을 보냈더니, 조금 있다 다시 메시지가 왔다.

‘나도 막 잠들려고 하는데 이모는 왜 깨우고 그래, 이모가 책

임져.'

이것 봐라, 제가 먼저 자는 사람 깨워 놓고 적반하장이네, 다시 문자 전송.

'이 가시내야! 너도 책임져라.'

오늘 핸드폰을 열고 자세히 검색해 보니 알람을 '한 번만 알림'이라는 표시가 있어 얼른 고쳐 놓았다. 그다음 표시는 '2분마다 한 번'이라는 표시를 보며, 어휴 2분마다 한 번씩 들으며 4, 5시간을 꿈속을 헤맸단 말이지. 참 어지간도 하다고 자책을 했다.

자판 연습했어요.

2003. 9. 17.(미숙동에 올린 글)

마늘을 거꾸로 심어놓고

온 누리가 새하얀 눈으로 덮여 있는 섣달 스무날에 종일 비가 오고 있다. 아직 봄은 멀었건만, 겨울비가 봄비처럼 내린다. 산에도 들에도 마늘밭에도 흩뿌리지 않는 조용한 비가 하염없이 내리고 있다. 저녁나절이 되니 쌓여 있던 눈들이 모두 사라지고 땅 위엔 금방이라도 봄이 올 것만 같은 기운이 서린다. 마늘 밭을 살피니 눈이 다 녹아내린 땅 위로 아직은 어설프게 자리 잡은 마늘쪽들이 보인다. 제법 뿌리가 내려있다. 새삼 생명의 귀함을 느끼며 드러난 뿌리들을 흙으로 덮어주었다.

작년에 배추를 뽑은 자리에다 동생이 양념으로 쓰라고 준 마늘을 쪼개서 연습 삼아 백여 쪽을 심었다. 평생을 농사짓는 언니에게 전화해서 어느 쪽을 땅속에다 심는 건지 묻고 물어서 심어 놓고 싹이 텄는지 아침마다 들여다보았다. 무씨를 심어놓고 3일 만에 싹이 트는 걸 보며 와! 하고 탄성을 지른 때처럼 마늘 싹도 그렇게 나올 줄 알았다.

그런데 사흘은커녕 1주일, 열흘이 지나도 싹은 돋아날 생각을 안 한다. 내년 봄에나 싹이 나려나 보다, 하고 체념을 하고 있었다. 보름쯤 지나고 나서 동생 내외가 김장을 해 주러 왔다. 마늘밭을 보더니 왜 마늘을 거꾸로 심었어요? 한다. 깜짝 놀라서 살피니 뿌리 쪽이 하늘을 향해서 모두 서 있다. 묻고 물었건만 반대로 알아듣고 거꾸로 심은 모양이다. 동생네가 안 왔으면 거꾸로 심은 채로 겨울을 날 뻔했다. 그러면서 싹이 안 난다고 애만 태웠을 것이다. 지금이라도 알았으니 얼마나 다행인가 싶어 다시 다 돌려서 심었다. 어릴 때 부모님을 도와서 마늘을 심은 기억이 있건만 어쩌면 그렇게도 생각이 안 났는지.

그랬던 마늘이 땅속으로 뿌리를 내린 것이다. 이제 완연한 봄이 되면 파란 싹이 고개를 내밀겠지. 그날이 언제쯤일지 마냥 기다려진다. 작년 8월에 무씨를 심어 놓고 3일 만에 싹이 트는 걸 보며 새 생명을 만난 것처럼 경이롭기까지 했었다. 깨알만 한 씨앗이 터져서 무거운 흙을 헤치고 솟아오른 것이다. 분명 채소가 자라는 시골에서 어린 시절을 보냈건만 그때는 그냥 무심히 보았나 보다. 당연히 그렇게 크는 것이려니 하고, 그랬는데 지금은 풀 한 포기도 무심히 보아 넘길 수가 없다. 배추, 무 자라는 걸 보며 얼마나 기분이 좋은지 아침만 되면 오늘은 얼마나 컸을까 보러 나간다. 긴 외출을 했다가도 어린아이를 집에 두고 나온 날처럼 서둘러 들어오게 된다. 정말 하루가 다르게 자란다. 한여름 폭염 속에서도 새벽에 나가 보면 낮에는 후줄근하던 채소들이 파릇파릇 생기를 띠고 있다. 밤새 내린 이슬을 흠씬 머금은 까닭이다. 자연의 이치에 감사하다.

며칠 전 읽은 마르코 복음서에 있는 말씀이 새삼 가슴에 다가온다. 수십 번도 더 들었을 그 말씀이 이제야 귀에 들어오는 까닭은 몇십 년 만에 시골에서 살아가는 때문인가 보다.

> 어떤 사람이 땅에 씨를 뿌려 놓으면, 밤에 자고 낮에 일어나고 하는 사이에 씨는 싹이 터서 자라는데, 그 사람은 어떻게 그리 되는지 모른다. - 마르코복음 4장 26절

사람들이 시골서 사는 게 어떠냐고 묻는다. 심심하고 외롭지 않느냐고, 행여나 걱정이 되어 묻는 이런 전화가 참 이상하게 들린다. 그래서 대답해준다. 복잡한 서울을 떠나서 사는 이곳 생활이 열 배로 행복하다고, 열 배씩이나? 하며 놀란다. 지금이라도 서너 평 남짓한 밭을 가꾸며 산다는 것이 늦복이 터진 거라는 말을 덧붙이게 된다.

이제 봄이 되면 모든 종류의 채소, 토마토, 상추, 고추 등 시장에 가서 둘러보며 나와 있는 모종들을 서너 포기씩만 사다 심어 놓고 채소들이 자라는 모양을 보며 함박웃음으로 하루를 열리라. 그리고 세월 따라 점점 퇴색되어 가는 내 마음도 채마밭처럼 푸르게 가꾸고 싶다. 아! 벌써부터 행복하다.

『수필문학』 2013. 4월호

순교성지 갈매못

몇 년 전에 본당에서 성지순례를 갔을 때 감동스러웠었다. 오늘 10여 명이 또다시 보령에 있는 갈매못 순교자 성지에 갔다. 벚꽃이 이미 눈처럼 떨어지는 때라 진짜 봄인 줄 알고 봄옷을 입고 가는데, 차 안에서도 추운기가 들고 그 허허벌판 같은 성당에서 미사 바칠 일이 걱정이다. 버스가 어느 휴게소에 도착했을 때, 여자들은 불문곡직하고 내의랑 바지를 사서 입는 웃지 못할 일들이 벌어졌다. 휴게소에서 얼떨결에 산 '네파'라는 바지가 얼마나 따뜻하고 마음에 드는지 얇게 입고 오길 잘 했다는 생각까지 들었다.

대성전에서의 미사가 감동이었다. 순례자가 하도 많이 와서 제대 위까지 꽉 차고, 비가 오는 추운 날씨에도 성당 문까지 열어놓고 미사참례를 하는 진풍경이 벌어졌다.

미사가 끝날 때에 순교자들이 순교하신 바다를 보여 주겠다고 하시며 제대가 양쪽으로 열리는 환상적인 장면까지 보여 주었다. 눈높이에서 펼쳐진 비가 내리는 바다 위엔, 물새가 점점이 떠 있고 작은 파도만이 일었다. 우리 선조들의 고통이 얼마나 컸을지가 마음을 무겁게 짓누른다. 다블리 주교님, 위엥 신부님, 오메트로 신부님은 그 당시 프랑스에서 사제생활을 하셔도 되는데도 죽음을 각오하고 선교하러 한국에 오셨다고 한다. 오직 예수님을 가진 자가 모든 것을 가진 자라는, 하느님 사랑을 실천하시려고 그 험한 길을 택하셨다고 한다.

요즘은 만과 조과 기도가 없어진 것처럼 신자들이 기도생활을 잘하지 않는다. 기도 생활이 몸에 배어 있지를 않다. 주일 잘 지키고 교무금만 잘 내면 열심한 신자처럼 보이지만 기도 생활을 안 하기 때문에 신앙과 삶을 분리시킨 것처럼 보인다. 기도만이 삶을 깊어지게 한다. 박해시대의 순교자들은 얼마나 많은 시간을 기도했는지 지금의 우리들은 따라갈 수가 없다. 포졸들이 신자, 비신자를 알아내는 방법이 있었다. 버선코가 문들어져 있는 사람은 신자였다고 한다. 무릎 꿇고 기도한 흔적이었다고 한다. 요즘은 목숨을 버리는 순교는 더 이상은 없다. 현세의 순교는 더 사랑하고, 더 용서하고, 더 나누고 더 불편하게 살고자 하는 것이 순교라고 생각한다.

신부님의 강론 말씀이 가슴에 와닿았지만 얼마나 실천하며 살 수 있을지, 어릴 때 어머니의 채근에 못 이겨 하는 기도였지만 일상의 생활이 되어 "얘들아, 신공 바치게 빨리 와라." 부르시면 하던 일 팽개치고 즉시 모여 앉아서 기도를 했었다. 옛날 기도문은 길기도 하여서 조과(아침기도) 만과(저녁기도) 또 묵주신공까지 하려면 시간이 많이 걸려서 발도 저렸지만 그 시절이 많이 그립다. 신부님의 조과, 만과라는 단어가 반갑기까지 하다. 신부님은 조과, 만과를 바치던 세대는 아닌 것 같은데 열심한 부모님 슬하에서 사신 것 같다. 오늘, 갈매못 성지에 간 날을 나는 살아가는 동안 잊지 못할 것 같다. 부여로 삶의 터전을 옮기는 계기가 된 날이었기 때문이다.

성지에서 미사 후에 부여에 왔다. 몇 년 전에 이사 와서 '노기순 청국장' 식당을 하는 제기동 신자였던, 배바오로, 노베로니카 부부를 방문하게 되었다. 신협으로 쓰던 건물이라는데 널찍한 게 창문으로 바라다보는 밖의 풍경도 시야가 탁 트여서 이곳에서 살고 싶다는 생각이 순간 들었다.

한가한 풍경이 이사 오고 싶다고 하였다. 형님이 이런 시골에서 어떻게 사느냐고 답답해서 못 살 거라고 한다. 나도 시골에서 태어나서 그런지 항상 흙이 있는 시골이 그립다고 하였다. 그럼 비어 있는 집이 있으니 가 보자고 한다. 즉시 따라나섰다. 문이 잠겨 있어서 겉만 둘러보았다. 내 집이 되려고 그랬는지, 어수선하기 짝이 없었는데도 별 탓이 안 되었다. 마침 약국을 하던 집이어서 더 마음에 들었다. 얼마에 살 수 있는지 잘 상의해 보라고 하였다. 같이 집을 둘러보던 대녀 아가다가, 우리도 이사 오고 싶다고 한다. 그럼 다른 집을 또 보자고 하였다.

집에 돌아오기 전 남편에게 지나가는 말로 "저기 우리가 와서 여생을 보낼만한 집이 있어요." 했더니 무슨 말이냐며 귀여겨듣지도 않는다. 집에 와서도 다시 그 집을 보러 가야겠다는 생각만 들었다. 이튿날 3시간을 달려와서 집 안까지 다 둘러보고, 4일 만에 계약을 하게 되었다. 계약하는 날 집주인인 젊은 분이 왜 그렇게 급하시냐며 웃는다. "난 무슨 일을 할 때는 마무리를 빨리 지어야 다른 일을 할 수가 있답니다." 이런 과정에서 남편과 상의를 하면 일이 성사되기 전에 브레이크만 걸릴 것 같아서 계약서를 주며 보라고 하였다. 메모지와 함께.

"상의를 하면 첫마디부터가 그런 시골에 가서 어떻게 살려고 하느냐고 반대부터 할 것 같아서 계약 먼저 했어요. 이런저런 말로 마음 상하게 하지 말고, 이 기회에 시골에 가서 여생을 조용한 곳에서 살았으면 좋겠어요."

외출했다 돌아오니 별다른 말이 없어서, 남편도 40여 년 넘게 살아온 서울을 벗어나고 싶은가보다고 감사한 마음이 들었다. 이런 과정에서 꽁꽁 싸놓았던 비상금이 다 날아갔다. 급하다 보니 계약금으로 다 써버렸는데, 언제나 채워줄지 기약이 없다. 시골집 한 채가 내 명의로 된 것에 만족해야 할까 보다.

이곳 부여에서 생활하는 게 너무 행복하다. 둘이 앉으면, 이렇게 한적한 곳에서 살게끔 어린 천사 라파엘이 도와준 것 같다는 말을 하게 된다. 서너 평 채소를 가꿀 수 있는 밭이 있어서 흙을 만지는 즐거움에 더 기쁘다. 우리도 이사 오고 싶다고 말했던 아가다네도, 한 달 사이에 앞서거니 뒤서거니 같이 이사 와서 대부모간의 정으로 신앙 공동체를 이루며 살고 있다.

라파엘이 아팠을 때, 경원이 기도는 질리지 않는다며 대자부부가 1년을 하루같이 기도해 주었다. 라파엘이 할머니, 할아버지 외롭지 않게, 또 아가다네도 더 나은 고장으로 이사하게 만들어 준 것 같다고, 아가다와 만날 때마다 이야기를 한다. 또 일 년 동안 라파엘 엄마의 심정으로 부부가 무릎 꿇고 경원이 기도를 하던, 동생네도 우연찮게 비어 있는 2층집으로 무상으로 살 수 있게 이야기가 되어 살던 아파트는 전세를 주고, 예산으로 이사 와서 텃밭을 가꾸며 전원생활을 하고 있다.

마르타 동생도 라파엘이 도와준 것 같다며 감사하다고 한다. 충청도가 좋은 고장인지 세 가정이 다 충청도에 와서 살게 되니 성지가 많아서, 순례도 많이 하며 기쁘게 생활하고 있다. 모든 게 다 감사할 뿐이다.

2012. 10.

이한열 군의 장례식 날

늘 데모로 시달리며 어수선한 시절을 살던 때가 있었다. 지난달 반상회를 끝내고 7월 반상회는 절두산 성지에서 갖기로 한 날이 9일인 오늘이다. 강 수녀님과 반원 11명이 각자 도시락을 싸 가지고 소풍이라도 가는 것처럼 즐겁게 7번 버스를 타고 성지로 향하였다. 날씨까지 쾌청하다.

버스가 무교동을 지나 시청 앞을 향해 가는데 이게 웬일일까? 창밖으로 보이는 시청 앞 광장은 물론 사방 어디를 보든지 시야에 들어오는 것은 모두 사람의 물결뿐이다. 내 기억으로 이렇게 많은 사람들을 보기는 처음이다. 아! 그러고 보니 오늘이 민주화를 외치며 데모 대열에 섰다가 최루탄 파편에 맞아 숨져간 이한열 군의 장례식(5일장) 날이다. 운구 행렬은 어디에 있는지 보이지 않는데 사람의 물결만 눈길이 닿는 곳마다 바다를 이루고 있었다.

버스는 노선을 잃고 어디인지도 모르게 돌아서 그야말로 곡예를 하면서 신촌을 향해서 기다시피 가고 있다. 아현 고가도로는 아예 차량 통행은 중지되고 도로가 넘쳐날 정도로 한열 군 사진이 담긴 피켓을 든 인파만이 끝도 없이 이어지고 있다.

오! 하느님, 용서해 주소서.라는 기도만이 입속에서 맴돌고 있다. 근본적인 대화는 하지 않고 최루탄만 가지고 국민을 억압하려던 위정자들과 또 끊임없이 데모하는 학생들과 일부 부추기는 세력들과 우리 모두를 용서해 달라는 기도밖에는 할 말이 없었다. 주님, 그들의 희생이 헛되지 않게 해 주소서.

절두산 마당에서 돗자리를 펴고 앉아서 유유히 흐르는 강물을 바라보니 그 옛날 신앙을 지키며 휘광이들의 칼 아래 목숨을 꽃잎처럼 떨어트리고 가신 선조님들의 모습이 되살아난다. 그분들이 목숨을 걸고 지킨 신앙의 덕으로 우리들은 지금 나무 그늘 아래서 시원한 강바람을 맞으며 소리 맞춰 기도를 올릴 수 있는 행복을 맛보고 있는 것이다.

이한열 군의 죽음 역시 훗날 우리나라의 민주화를 발전시킨 계기로, 후손들이 기리는 날이 있겠지 하는 생각으로 아픈 마음을 좀 달래본다.

주님! 아침에 눈 뜨면서 저녁에 잠자리에 들기까지의 모든 일 감사드리며 기도합니다.

198 7. 7.

시할머니의 도우심으로

요당리 성지.

이따금 친정 가는 길에 화성에 있는 양감면을 지난다. 요당리 성지라는 표지를 보며 여기도 성지가 있었네? 언제고 시간 내서 한 번 순례를 와야지 마음먹고 있었는데 우리 7두레에서 그 성지를 가게 되니 꼭 참석해야 되겠다는 마음이 들었다.

성지에 갈 적마다 늘 새로운 감동을 받고 온다. 성지를 가는 날 새벽에 잠깐 또 잠이 들었는데 정말 꿈에도 생각 못한 시할머님을 꿈에서 뵈었다. 돌아가신 지가 20년이 넘었고 한 번도 꿈에서 뵌 적이 없었기에 어쩜 할머니 꿈을 다 꾸었을까 고개가 다 갸우뚱해졌다.

오늘 요당리 성지에 가는 날인데 기도 받기를 원하시나? 마음속으로 생각하며 버스에 올랐다.

연미사 봉헌해야지 생각을 가다듬고 있는데 할머니 성함이 생각이 나질 않는다. 남편에게 문자를 넣었다. '장사임'이라는 답장이 왔다. 할머니도 영세를 받으셨다고 들은 기억이 나서 본명을 물으니 모른다는 대답이다. 큰집 동서가 냉담 중이었고 연세가 많으셔서인지 할머님도 쉬는 자로 살다 돌아가셨다. '장사임' 영혼과 혼자 살다 얼마 전에 돌아가신 이성녀 살로메 할머니를 위해서 연미사 봉헌을 하였다.

버스 안에서 총무님이 요당리 성지에 대한 안내를 하시는데, 장주기 요셉 성인의 출생지라는 말씀을 들으며 나만의 생각으로 어떤 의미를 부여하고 있었다. 절두산에 갈 적마다 성인들의 유해를 모신 지하실에서 장주기 요셉 성인께도 기도를 많이 해서인지 그 이름을 듣는 순간 퍽 반가운 마음이 들었다. 조상님의 성함을 듣는 것처럼, 장주기 요셉 성인 외에 친인척인 장경언, 장치선, 장한여, 장요한 등의 이름을 들으며 혹시 우리 할머니가 그분들의 후손이 아닐까 하는 마음이 든다. 할머니가 그곳에서 시집오셨을 것만 같다. 할머니가 평생 사셨던 서정리와 가까운 고장이어서 더 그런 생각이 들었다.

할머니가 94세에 돌아가실 때이다. 정월 초에 할머님을 뵈러 갔는데 너무나 병약하신 모습으로 누워계셨다. 우릴 보고 매우 반가워하시며 손을 잡으시는데, 왠지 오래 못 사실 것 같다는 생각이 들었다. 뵙고 온 지 이틀 만에 돌아가셨다. 정월 초라 얼마나 추운지 바람이 술술 들어오는 시골집에서 장례를 모시는 일이 어려웠다. 사촌동서들까지 10여 명이 부엌에 있으니 난 맏동서라고 마루에서 상 차리는 일이나 하라고 하여 음식을 대접하는 일을 하였다. 그랬는데도 춥기도 하거니와 서성거렸더니 치질(痔疾)이 재발을 하여서 한두 발짝 움직이는 것도 고통이었다.

따뜻한 곳에 있으면 가라앉았다가도 다시 고통스러워지곤 했다. 누구에게 말도 못하고 3일을 견디며 그때 다짐하고 다짐한 것이, 장례 모시고 집에 가면 이번엔 무슨 일이 있어도 수술을 받으리라 결심하였다. 첫 아이를 낳고 생긴 병이어서 참고 지내느라 20여 년 동안 참 힘들었다. 아마 수술을 받았어도 몇 번은 받아야 될 상황이었는데 그 과정이 겁이 나서 참기만 하였다. 길을 가다가도 걸음을 멈추고 가라앉기를 기다리며 행길에서 몇십 분씩 참는 일을 여러 번 겪고, 옷을 갈아입으려고 집으로 다시 돌아오곤 하였다. 이런 상황이 잦은데도 참고 지냈다는 게 내가 얼마나 미련한 사람인지를 알게 해준다.

장례를 마치고 집에 돌아왔다. 아픈 곳이 가라앉으면 또 망설이게 될까 봐 바로 병원에 입원을 하였다. 길동에 있는 성심병원에서 아프지 않게 수술 해준다는 말을 듣고 그곳으로 갔다. 수술실에서 마취를 하는 과정에서 담당 선생님이 이런저런 말을 시킨다.

"안암동에 고대병원이 있는데 왜 이 먼 곳까지 오셨어요?"

"아프지 않게 수술한다고 해서요."

"자녀는 몇이나 두셨습니까?"

"둘이에요" 하다가 꿈나라로 갔다.

실컷 자고 난 후 깨었다. 얼마나 달게 잤는지 몸이 날아갈 것 같다. '아휴 잘 잤다.' 기지개까지 켜며 눈을 떴다. 서성이던 여자 선생님이 "어머나! 깨어나셨네요." 하며 반가워한다. "내가 오래 잤나요?", "네 좀 오래 걸리셨어요." 한다. 밖에서 기다리고 있던 딸이 다른 사람들은 다 나오는데 엄마만 회복실에 오래 있었다며 초조하게 기다린 표정이다. 난 실컷 자고 나왔을 뿐인데 오랜 시간이 지났나 보다. 척추에 부분 마취만 했다는 데도 오랫동안 잠 속에 빠져 있었다. 혹시나 못 깨어날까 봐 선생님이 초조하게 기다리고 있었나?

이틀 후에 회복이 되어 차를 몰고 집에 왔다. 가벼운 걸음으로 다닐 때마다 할머니 생각을 하게 된다. ㄷ 오래 미루지 말고 수술하라고 3일 동안 고통을 주신 것만 같다. 할머니가 가시면서 내 묵은 고통 하나를 덜어주고 가셨다는 생각만 든다.

할머니와 추억여행을 하는 동안 어느새 차는 서울에 다 와 있었다. 우리 할머니가 장주기 요셉 성인의 후손이 아닐까?라는 진위 여부를 떠나서 요당리 성지에서 할머니를 위한 연미사를 봉헌해 드리게 되어서 기쁘고 감사할 뿐이다. 요당리 성지! 가족이 함께 다시 참배해야겠다는 생각을 하며 꼭 실천해야지 하고 다짐을 한다.

할머니! 성지에 가는 날, 꿈에 오신 것처럼 앞으로도 계속 저를 보살펴 주셨으면 좋겠습니다.

하느님! 모든 일이 감사합니다. 찬미 영광 받으소서.

풀꽃 같은 향내로

「그곳에 가고 싶다」라는 TV 프로를 보고 있었다. 어느 소설가가 나와서 많은 이야기를 하는 도중에 이런 말이 마음에 와닿았다.

끼적끼적 적혀있는 걸 보니….

"집에서는 무어가 안 돼요. TV 봐야지, 전화 받아야지, 아내가 뭐라고 하면 설거지도 해야지, 우윳값 받으러 오지… 일상은 영혼을 부식시키는 거 같애.(웃음) 그렇다고 일상을 몰라라 할 수도 없는 거고…."

나는 이 말을 들으며 열심히 일하는 남자들은 일상에 매달리게 하지 말고 자유롭게 내버려 둬야 되지 않을까 하는 생각이 들었다.

밥도 먹고 싶을 때 먹고, 세수도 하고 싶을 때 하고, 자유를 주면 일에 더 몰두하지 않을까?

일일이 잔소리하며 간섭을 하면 아무것도 못하고 시들어버리지 않을까 싶어서.

난 남자들 편인 것 같다. 요즘 남자들이 안 됐다는 생각이 언제부터인지 들기 시작했다.

또 어느 남자 탤런트가 자기가 지금까지 한 일 중에 결혼을 한 것이 가장 큰 실수였다는 말에 약간 공감이 가기도 한다. 무엇인가 일을 하려고 해도 아내의 잔소리 때문에 못하고 있는 것 같아 일상에 머무르는 생활이 답답했었나 보다.

그래도 그렇게 사는 것이 삶인데, 너무 큰 걸 바라나? 그런 남편과 사는 아내 또한 불행할 것이다.

춘분 추위를 하는지 아침 기온이 영하 2도라는 예보가 있다. 그래도 10시경이 되니 날씨가 따뜻해진다. 작년에 토마토를 심었던 화분에 파를 심어서 안에다 들여놓았다. 파 사이로 실낱같은 싹이 튼다. 무얼까 궁금했다. 한 뼘쯤 자라도록 무슨 싹인지 가늠을 할 수가 없었는데 살짝 건드려보니 어쩌면, 그 가녀린 줄기에서 토마토향이 풍긴다. 화분을 밖에 내놓고 성북천엘 갔다. 어제도 햇빛을 쏘여줬더니 색이 짙어지고 줄기도 조금 튼튼해졌다. 식물마다 자기의 향을 내는 것들을 보며 창조의 신비에 감탄을 한다. 또한 그 향에 취해서 좋은 글을 읽을 때처럼 행복하였다.

오이를 딸 때면 상큼한 오이향 때문에 먼저 기쁘고, 생강밭에 가서 잎새를 살짝만 건드려도 그 향이 코끝에 날아와 한참을 머무르게 한다. 언젠가 넘어지는 바람에 두어 달을 거동을 못하고 누워 있을 때이다. 지인이 생강 잎을 다발로 갖다 주어서 머리맡에 놓아두고, 그 향내를 맡으며 심신이 치유되었었다. 모든 식물들이 자기의 고유한 향으로 우리를 반기니 일상이 감사하다. 어성초라는 식물은 비린내를 풍겨서 옆에 갈 수가 없다. 벌레들을 쫓아준다기에 심었는데, 옆에만 가면 내가 먼저 질려서 골치가 아프다. 우리들은 식물들보다 더 아름다운 향내를 풍기면 좋겠다.

마종기 시인의 「새해를 맞으며」란 시가 생각난다.

> 내 혀에 풀잎을 채우려고 애쓸 일입니다.
> 입술로 짓는 죄, 혀로 저지르는 폭력을 멀리하고
> 내 몸에 향내를 채울 일입니다.
> 그리하여 말할 때마다 다른 사람들과 스쳐 지날 때마다
> 풀잎의 싱그러운 초록생명 내음만
> 환하게 퍼져나가기를 바랍니다.

감사하게도 내 옆에는 이런 향내를 내는 분들이 있어서 만날 때마다 행복하다. 이분들 생각만 하면 세상이 아름다워 보인다. 나도 향내를 내어보려고 애를 써보지만, 평생을 다듬으면 향내가 날까? 애를 써볼 일이다.

사람들 틈에 끼여 부지런히 걷고 있는데, 햇살 퍼진 양지에 쑥이며 냉이며 씀바귀가 뾰족뾰족 고개를 내밀고 있다. 각종 꽃

들이 피었던, 흙이 있는 공간이다. 아주 길게 조성이 된 곳이다. 그 어린 싹들을 칼을 들이대고 도려내는 손이 있다. 아직은 너무 어려서 도려내면 안 되는데 뽑을 수도 없는 싹을 칼로 도려내는 그 여자가 너무하다는 생각이 들어서 한마디 내던지고 말았다.

"좀 더 자라면 뽑아 가시지, 이제 막 고개 내미는 걸 도려냅니까?", "내가 먹을 건데 그러면 어때요?" 한다. 그것도 대답이라고 한 대 쥐어박고 싶다는 생각이 들었다. 이 여자는 그 나물 먹으며 맛이나 느낄까? 속으로만 중얼거리며 걸을 수밖에. 도처에 황당한 일들이 어디 한둘인가. 봄만 되면 온 산을 나물 캐가느라고 벌거숭이처럼 만들어 놓는 여자들이 많다는 얘기도 들었다. 견디다 못해 현지 주민들이 막는다고 한다.

겨울에 송사리 떼가 많았던 곳에서 제법 새끼손가락만큼 자란 고기떼를 보며 또 마음이 편치를 않다. 어떤 우악스러운 손이 분명 뜰망을 가지고 와서 다 잡아갈 것 같은 마음이 들었기 때문이다. 이미 잡아갔는지 우글거리던 고기떼가 많이 줄었다. 고기들도 아직은 먹을 수가 없는 송사리인데, 그걸 건져간 손은 어떤 모습의 사람일지, 분명 향내 나는 사람은 아니겠지.

개울가에 너울거리는 잎새가 어려서 먹어보던 소리쟁이 같다. 반가운 마음에 잎새들을 따고 있는데 할머니 두 분이 옛날을 회상하시는지 물끄러미 보고 있다. 그래서 이게 소리쟁이가 맞는지 물었다. 맞아요. 그걸로 국을 끓이면 미역국처럼 맛이 있어요, 한다. 긴가민가하면서 땄는데 정확하게 맛까지 알려줘서 한 끼 먹을 것을 따다가 된장국을 끓였다.

어린 날 친정에서 온 가족이 둘러앉아서 소리쟁이 국을 먹던 때가 주마등처럼 지나간다. 그런데 이젠, 엄마도 안 계시니 새삼 보고 싶다는 마음만 밀려온다. 평생 농사짓는 틈틈이 채송화와 국화를 가꾸시며 풀꽃 같은 향내로 우리들을 행복하게 해주셨는데 천국에나 가야 만날 수 있으니, 잘 살다 가야지 엄마를 만나려면.

작물들이 춤을 춘다

양푼으로 들이붓듯 쏟아지는 빗길을 헤치며 운전을 하자니 순간순간 위험하다. 한 치 앞도 안 보인다. 문학기행에 늦지 않게 가려고 일찍 준비를 하는데 엄청난 폭우가 쏟아진다. 빗길이 겁이 나 포기하려고 하는데 20여 분이 지나니 밖이 훤해지면서 멎는다.

비가 멎은 새벽길을 상쾌하게 달려서 차령터널 앞까지 잘 왔다. 3분여나 걸리는 터널을 빠져나오니 다른 나라에 온 것처럼 장대비가 또 쏟아진다. 천안, 안성, 거의 기흥까지 빗길을 달렸다. 큰 트럭들을 피해서 1차선으로 가는데 맞은편에서 달리는 차들이 물대포를 쏘듯 물세례를 퍼부어서 긴장감이 백배나 된다.

낮에는 잘 못 보던 커다란 짐차들이 무겁게 실은 짐의 하중으로 힘겹게 빗길을 가고 있다. 기다시피 먼 길을 달려왔을 트럭들이 힘겨운 삶의 무게처럼 느껴져서 마음이 아프다. 초보 시절 프라이드를 운전할 때이다. 사람이 많이 타도, 차는 잘 가는 줄 알았다. 그런데 그게 아니었다. 그 작은 차에 5명이 타고, 그것도 빗길을 달렸다. 속도도 안 나거니와 브레이크도 잘 안 잡힌다. 그래서 짐을 많이 싣고 가는 차의 힘든 상황을 잘 알고 있다. 나 역시 힘들게 가는 길이었지만, 그 짐차들을 보면서는 나 혼자 가는 길이 미안함마저 든다.

혼자서는 돌아볼 수 없는 인천, 특히 송도의 새로운 모습을 여기저기 둘러보며 수필문학추천작가회, 한국수필문학가협회 회원님들과 함께한 여행길이어서 좋았다. 인천 송도에 자리 잡은 뉴욕주립대학교의 면면을 보며 우리나라에서도 먼 나라까지 가지 않고도 똑같은 혜택을 누리며 학문의 길을 갈 수 있다는 것이 젊은이들에게 희망을 주는 일이 될 것 같았다. 고등학교 1학년인 외손녀도 졸업하면, 대학교는 다시 한국으로 오라고 해야겠다는 생각이 들 정도다.

세미나가 시작되었다. 주제는 「수필문학의 정체성을 말한다」이다. 세미나 때마다 느끼는 것은 세미나 내용이 실린 책자를 받으니 읽어보면 되는데 그 내용을 길게 듣고 있자니 지루하다. 이젠 연륜들이 있는데 듣고 앉아 있으려면 인내심마저 필요하다. 듣고도 돌아서면 잊어버린다. 그래도 책을 다시 읽어보면 되니 다행이다.

세미나 내용 중에, 내가 쓴 글이 교과서에 실려도 될 정도로 내용이나 문법이 맞춤법에 맞게 써졌는지, 자부심을 가지고 써야 되는데 그렇지 못한 글들을 볼 때면, 자신이 작가라는 것이 부끄럽기까지 하다고 지적하는 이삼헌 작가님의 충고에는, 나 역시 그렇게 쓴 글들이어서 부끄럽기 그지없다. 오늘도 세미나 내용들을 읽어보고 또 읽어본다. 아주 많은 도움이 되는 글들이다.

서울이나 인천에는 종일 비가 한 방울도 안 내렸다. 여행길이 즐거웠지만 그래도 비가 펑펑 쏟아져야 작물들이 춤을 출 것이다.

2014. 7.

활어 맨, 꽃게 걸

오늘 아침 운동갈 때 창밖으로 본 어느 식당의 간판이다.

어스름한 새벽녘에 보인 간판 때문에 어찌나 웃음이 나는지. 남편의 서투른 운전 때문에 옆에 앉으면 운전 선배라고 잔소리를 하게 되어서 아예 뒷좌석에 앉는데, 뒤에 앉아서 하하 호호 웃으니 운전 방해되게 왜 그러느냐고 한마디 한다.

음식점 간판이 재미있다. 활어나 꽃게 입장에서는 자신들을 죽이는 적인 셈인데 그것들을 의인화해서 사람의 눈을 끄는 재치가 돋보이긴 하지만 기분이 좀 그렇다. 사람이 먹고 살도록 만들어 주신 것인데 웬 망상인지 모르겠다. 그냥 웃고 말면 될 것을 가지고 말이다.

운동 중에 청설모한테 못할 짓을 하였다. 잣나무 밑에

만 가면 주먹만 한 잣송이들이 떨어져 있었다. 캐디가 주워 모은 잣송이가 7송이나 되었다. 두 번째 친 공이 하필 잣나무 옆으로 갔다. 나무 옆에 청설모 한 마리가 겁도 없이 왔다 갔다 한다. 그런데 다람쥐 같지가 않고 보기 싫게 생겨서 저리가! 하고 쫓아도 도망을 가지 않고 나무 옆을 맴돌고 있다. 공을 치려고 고개를 숙였는데 잣 한 송이가 또 있다.

"어머! 여기 또 있다." 횡재나 한 듯이 얼른 주워 가방에 넣고 공을 날렸다. 그 홀을 끝내고 다음 홀에서 티샷을 기다리다 가만히 생각해 보니 전 홀 잣나무 밑에서 청설모가 도망가지 않고 맴돌던 것이 그 잣송이를 가져가려고 그랬던 것이 아닌가 싶은 게, 내가 못할 짓을 했구나 싶어 영 마음이 편치가 않다.

아휴! 바보같이 청설모 양식을 뺏어 왔구나. 그러나 잣나무마다 아직도 많이 달려 있으니 또 따겠지 뭐. 아까는 내 생각이 좀 짧았구나, 청설모야 미안해.

청솔모가 잣송이를 따서 아래로 떨어뜨려 놓고 쏜살같이 내려와서 입에 물거나 굴려 가지고 간다. 조금 전의 그 청설모도 떨어뜨린 것을 가져가려고 거기 있었다면, 나는 청설모 덕에 힘들이지 않고 잣 한 송이를 얻은 셈이다. 곳곳에 까먹은 잣송이들이 널려 있다. 어쩌면 그렇게도 알뜰하게 먹어 치웠는지 대단하다는 생각이 든다. 아무 생각 없이 음식을 버리는 사람이 보고 배울 일이다.

동반자 중에 잣송이만 보면 횡재한 것처럼 좋아하는, 골프를 프로처럼 잘 치는 싱글 골퍼분이 있다. 심지어 청설모가 물고 가는 것까지 뺏는다. 청설모가 잣송이를 문 채 뛰어가면 기어코 쫓아간다. 그날도 퍼팅은 건성이고 잣송이에 정신이 팔렸다.

청설모가 잣송이를 물고 페어웨이를 가로질러 달음질을 친다. 역시 좋아라 하며 쫓아가서 뺏어온다. "정말 너무하시네요. 재미로 하시지만 청설모한테는 겨우내 먹을 양식이잖아요. 빨리 도로 갖다 주세요." 하고 쏘아붙였다. 내가 하는 말들이 재미있는지 한쪽에서 그린 보수를 하던 아주머니가 소리도 못 내고 고개를 묻고 킥킥 웃는다.

좀 전에 집어 온 잣송이 때문에 마음이 켕겨야 할 텐데 까맣게 잊고 큰소리를 치고 있는 자신이 우습기도 했지만, 물고 가는 걸 뺏어 오는 것은 너무하다 싶어 목소리가 높아진 것이다.

심지어 어떤 골퍼는 청설모가 가져다 묻어 놓은 잣송이까지 꺼내온다. 그러고 싶을까? '활어 맨, 꽃게 걸' 이 제목처럼 한 식구같이 보듬고 살면 좋을 텐데. 그런데 청설모는 묻어 둔 잣송이를 어디에 묻었는지 모른단다. 그래서 봄이 되면 여기저기 잣나무 싹들이 나온다고 한다. 다람쥐하곤 달리 영리하지가 못한가 보다. 그렇다면 제 양식을 훔쳐간 것도 모르는 일이었을 텐데 공연히 안타까워했나?

춤추는 관광버스

시골로 이사 와서 자리잡고 사는 지도 3년째로 접어들었다. 친구네 놀러왔다가 동네가 조용하고 아늑해서 4일 만에 집을 계약하고 이사를 하였다. 낯선 타향이지만 이젠 제법 정이 들어 고향처럼 느껴진다.

마을 사람들이 여수로 여행을 가는데 같이 가게 되었다. 무릎을 다쳐서 몇 개월을 집에만 있으니 답답하기도 하였다. 그러나 무릎이 아파서 케이블카며 수족관 관람도 못하고 주차장과 인접해 있는 바닷가 평지만 걸었다. 커다란 배를 배경으로 핸드폰으로 인증샷도 찍으며 나름대로 여유로웠다.

주차장에 버스가 정차하기가 바쁘게 모두 수족관을 향해서 간다. 나만 남았다. 기사님은 내가 남아 있는 것도 모를 일이다. 사람들이 다 가 버리자 주차장 관리하는 여자가 우리 차로 오더니 기사님에게 무슨 말인가를 한다. 그러더니 떡과 음료수를 받아간다. 주차사무실에는 여러 사람들이 있다. 배가 고플 때가 되어서 얻어가나 보다고 생각하였다.

40여 분간을 걷다가 버스로 돌아오는데 어떤 아저씨가 쉼터 의자에 앉아서 음료수랑 떡을 먹고 있다. 내가 아침에 받았던 떡과 똑같다. 어, 저 떡도 우리 떡이네. 주차장 시설 공사를 하던 아저씨들이다. 나도 모르게 웃음이 나왔다. 이런 일들이 충분히 일어날 수 있는 일들이란 걸 알게 되었다. 버스마다 사람들을 가득 싣고 와서 목적지를 향해 간 다음에는 모든 버스에서 일어날 수 있는 일들이란 걸 짐작하게 된다.

무릎이 아파서 차에 남아 있다 보니 이런 일들도 보게 되었다. 돌아올 때 음식을 배분하던 봉사자가 "이상하다. 떡이랑 음료수가 다 어디 갔지?" 한다. 혼자 남아 있던 나를 염두에 두고 하는 말처럼 들려서 헛웃음도 났다. 아침에 준 떡도 안 먹었는데, 넉넉하게 가져간 음식들을 허기진 이들에게 좀 나눠주었으니 좋은 일인 것도 같다.

갈 때 서너 시간, 올 때 서너 시간이 걸렸다. 가고 오는 동안 10여 명의 부인들이 얼마나 춤을 추며 뛰는지 어깨춤이 절로 나게 잘들 춘다. 우리나라 국민은 가무에 능하다는 게 사실인 것 같다. 연세들도 있는데 어쩌면 그리도 리듬을 잘 타는지 젊은 가수들 빰치게 잘 뛴다. 관광버스는 모두 그렇게들 춤추며 뛴다고 들었다. 묵은 체증이 다 없어질 것 같다. 그런데 시간이 지나니

땀이 나는지, 에어컨을 빵빵하게 틀어서 앉아 있는 사람들은 춥다. 감기가 올 것 같다. 음악 소리도 너무 커서 휴지로 귀를 틀어막아도 역부족이다. 그렇다고 신명 나게 노는 사람들의 흥을 깰 수는 없는 일이다. 참는 수밖에.

우리는 여형제가 다섯이다. 그중에 시골에 사는 셋째 언니가 관광만 가면 뛰다 온다고 하였다. "언니, 그러고 싶어요?" 했더니 그렇게 안 하고 가만히 앉아있다 오면 오히려 몸살이 난다고 한다. 언니가 한 말이 생각나서 참았다. 그렇지만 신나게 춤추는 사람들 10여 명 외에 나머지 사람들은 추위와 소음에 시달려야 했다.

그러고 보면 난 지금까지 춤추는 관광버스는 처음 탄 것 같다. 서울 사람들, 특히 성당에서 성지순례를 가면 고상 떠느라고 그런 건지 노래나 한두 곡씩 부르며 다녔지 출발할 때부터 도착할 때까지 춤추는 관광버스는 처음이다. 나도 좀 배워서 리듬을 타 볼까?

이번에 느낀 일이다. 버스에서 뛰고 춤추면 안 되는 일인 줄은 알지만 저렇게 즐거워하는데 막으면 안 될 것 같다. 기사님만 안전운행을 하면 될 일이다. 마음껏 신나게 놀고 와야 생업에 더 열심일 것도 같다. 인생이 뭐 별거더냐, 열심히 놀고 열심히 일하면 되는 것이지.

나이 든다는 것이 이런 변화를 가져오기도 하나 보다. 이렇게 넉넉한 마음으로 사물을 보는 여유가 생기다니 예전의 나답지 않은 모습이다. 위험하고 질서 없는 저급한 관광행태라고 질타하던 생각보다 웃음이 나는 따뜻한 마음으로 함께 하고 있는 내 모습이 도무지 나 같지 않다. 이해하는 마음으로 앉아 있는 나 자신이 신통하기까지 하다.

창밖으로 활짝 핀 벚꽃을 원 없이 보았다. 특히 순천 나들목서부터 황전휴게소까지 가는 길이 꽤 멀었는데, 멀리 보이는 옛날 길들이 온통 벚꽃길이어서 행복했다.

2015. 4.

4

Santa Monica

나이가 몇인데

사람은 사는 동안 비슷한 일들을 반복하며 살기 마련이다. 또 대부분 사람들이 엇비슷한 일들을 해 가며 산다. 하지만 사람은 계속해서 새로운 일을 하면서 체험을 쌓아가는 것인지도 모른다. 남들에게는 일상이었어도 자신에게 처음이면 그 경험은 신선하기까지 한 것인지도 모를 일이다.

이 나이가 되도록 떡을 하러 방앗간에 가기는 처음이다. 다른 때는 전화로 주문을 하면 시간에 맞춰서 갖다주곤 했다. 오랜만에 인절미를, 그것도 쑥 인절미를 하려는 마음이 불현듯 들었다. 반가운 사람들을 만나러 갈 때 가져가려는 생각을 하자마자, 둑길로 쑥을 뜯으러 갔다. 이웃 친구들이 쑥을 뜯으러 가자고 할 적마다 무릎을 보호하려는 마음으로 안 갔었다.

2년 전에 집 뜰 평지에서 몇 걸음 걷다가, 누가 밀기라도 한 것처럼 엄청난 속도로 엎어졌다. 364일을 절뚝이며 걸었다. 내가 장애인이 되는 게 아닐까 싶을 정도로 낫지를 않았는데 365일 되던 날 무심히 걷고 있는데, 내가 자연스럽게 걷고 있는 것이 아닌가? '오 하느님! 제가 절뚝거리지 않고 걷다니요!' 신기해서 미국에 사는 딸에게 문자를 보냈다. '내가 자연스레 걷고 있다. 꼭 일 년 만이다.' 답문이 왔다. '엄마, 너무 신기해요. 오늘이 엄마 위한 9일기도가 끝나는 날이에요.' 평소에도 3식구가 모여서 엄마, 아빠 기도한다고 하였지만, 특별히 54일 9일 기도를 또 하였나 보다. 어린 천사 라파엘까지 그 기도에 동참했을 것 같다.

집에 불이 났어도 도망도 못 갈 정도로 운신을 못할 때인데, 시술을 받으러 가야 했다. 시술받으러 들어가는 시간을 알기나 한 듯이 딸에게서 전화가 왔다. "지금 레지오 기도시간이라 여럿이 모여서 엄마기도 하고 있으니까 아무 걱정 하지 말고 시술받으세요." 한다.

아주 고통스럽게 침대에 누웠다. 레자로 씌운 침대마저 차가운 게 춥다. 몸이 조여 오는 느낌으로 누워있는데 점점 침대가 따뜻해진다. 편안하다. '아, 수술 침대라 전기가 들어오나 보다'라고 생각하였다. 시술을 받고 나와서 간호사에게 침대에 전기가 들어와서 따뜻해서 좋았어요, 했더니 전기가 들어오지 않는다고 한다. '?' 그럼 딸이 기도해 준 덕으로, 하느님! 감사합니다.

봄이 되어도 무릎 조심한다고 나물도 안 뜯으러 다녔다. 그랬는데 이게 무슨 정성인지 자루까지 챙겨 들고 차를 몰고 내가 늘 산책하는 둑방길로 달려갔다. 자동차가 안 다니는 길이어서 마음 놓고 다쳤던 무릎을 조심조심하며 엄청 많이 뜯었다.

쑥을 다듬고 있는데 서진이 할머니가 오늘은 뭘 하느냐고 이웃친구 두 분이 찾아왔다. 반가운 사람들 주려고 떡 할 쑥을 다듬고 있다고 하였더니, 이 쑥 가지고는 어림도 없다며 쑥을 더 뜯어야 한다고 한다. 쑥이 많이 들어가야 쫄깃거린다며, 셋이 또 뜯으러 갔다. 내가 혼자 2시간 이상 뜯은 것보다 30분쯤 뜯은 양이 더 많다. 나는 쥐어뜯어 놓은 것처럼 뜯었는데 두 분은 길쭉하게 뜯었다. 그래서인지 양도 많다. 쑥 뜯는 기술도 익혀야 하는 것 같다. 쑥 삶는 방법을 다시 배웠다. 살짝 삶아서 찬물에 많이 헹구라고 한다. 그래야 파랗게 색이 살아있다고, 두 소쿠리에 가득 담은 많은 양의 쑥을 파랗게 삶아 놓았다. 정성이 들어가니 잘 되었다.

쑥떡을 할 때에는 자기들은 방앗간에 가서 기다린다고 한다. 가지고 간 쑥을 넣는지도 보아야 하고, 냉동실에 있는 묵은 쑥을 넣어주는 경우도 있다고 한다. 정성껏 뜯은 쑥으로 해야지 묵은 쑥이라니, 절대 그럴 수는 없을 것 같아서 방앗간에 갔다. 4시간 후에 가지러 오라고 한다. 떡이 식어야 고물을 묻히고 자를 수 있다고, 단호하게 기다린다고 하였다. 집도 멀고 시간이 많다고.

내 차례가 되었다. 쑥을 보더니 반만 넣어야 된단다. 쌀보다 쑥이 많으면 떡이 안 된다고, 좋은 사람들 만나러 가려고 다쳤던 무릎으로 열심히 뜯어왔으니 다 넣어 달라고 사정을 하였다. 세 덩어리로 나누더니 두 덩어리만 넣을 거라고 한다. 할 수 없이 차 안에서 책을 읽으며 기다리고 있었다.

90이 넘으셨을 것 같은 꼬부랑 할머니가 딸과 같이 떡을 하러 왔다. 준비하는 과정에서 마늘과 생강을 짓찧고 있다. 마늘과 생강은 어디에 쓸 거냐고 물으니 콩가루에 넣으면 마늘향이 나서 더 맛있다고 한다. "어머나, 진작 알았으면 나도 넣었을 텐데, 이렇게 하는 것을 처음 알았어요." 하며 아쉬워하자 "나이가 몇인데 그걸 모르오? 머리도 하야니 제법 먹었을 것 같은데?" 한다. 그 말이 어찌나 우스운지 폭소를 터뜨리고 말았다. 흉을 잡힌 것인데도, 나이가 몇인데, 하는 말이 왜 그렇게 우스웠을까? 스스로는 나이가 많지 않다고 착각 속에 살았나 보다.

한참을 깔깔대고 웃다가, 할머니가 가져온 쑥을 보니 누렇게 풀이 죽어있다. 그래서 나도 한마디 하였다. "할머니! 할머니는 연세가 몇이신데 쑥을 저렇게 풀어지게 삶아 오셨어요?" 그랬더니 딸이 그것 봐 엄마, 쑥이 억세다고 뚜껑도 닫고 푹 삶으라고 하더니 이게 뭐예요. 저 아주머니는 새파랗게 잘 삶으셨는데, 한다. 5월 쑥이 억세다니요. 6, 7월이나 되어야 억세지요. 할머니, 저도 잘하는 게 있네요, 하니까 웃으신다.

한 덩어리나 남은 쑥은, 절편을 반말만 해 달라고 하였다. 반말도 많다며 반을 또 남긴다. 참 내, 많이 넣어주면 어때서 남기고 남긴담, 남은 쑥을 방앗간에 줄까 하다가 쑥밥을 해 먹으려고, 잘 챙겨 가지고 왔다. 올봄에는 쑥밥을 한 달째 먹고 있다. 인절미는 고물을 묻혀서 색이 죽었는데, 절편은 얼마나 파랗게 예쁜지 더 맛이 있다.

그냥 맡기고 왔으면 쑥은 절반만 들어갔겠지? 기우이지만 나머지는 냉동실로 가지 않았을까? 뜯어온 쑥을 다듬어 놓고 얼마씩 팔고 가는 할머니들이 있었다. 그런 쑥으로 2만 원씩을 더 받고 쑥떡을 해 준다고 한다. 그런 떡은 연두색이 났을 뿐이다. 평소에는 5시간 정도 잤는데 그날 밤은 고단해서인지 7시간을 잤다. 육신을 움직여야 잠은 잘 자게 되어있다는 것을 직접 체험한 날이었다.

비록 마늘향은 안 나지만 직접 지켜서 만든 저 인절미를 한입 베물고 향긋한 쑥 내음에 취해 스르르 눈을 감으며 감탄사를 연발할, 반가운 사람들의 얼굴들이 연신 떠올라 얼른 잠이 들지 않는다. 입안에 침이 고이며 쑥 향기가 코끝을 간질인다. 나이 70 고개에 처음으로 방앗간에 지켜 앉은 일이 마치 떡 암반에 앉아 손수 고물이라도 묻힌 양, 신바람이 나는 걸 보니 마치 어린애 같지 않은가? 행복한 일이었다.

2016. 5.

대녀(代女)를 만나던 날

어느 날 본당 수녀님이 예쁜 아가씨를 소개하며 영세 받을 때, 대모가 되어주고 혼배 증인까지 서라고 한다. 수녀님의 부탁으로 우연히 대모가 되고 결혼식에서 혼배 증인까지 섰으나 그 후에 이사를 갔는지 본당에서 보이질 않아 잊어버리고 있었다.

영세 받기 전에 잘 몰랐던 대녀여서 더 무심하게 지냈다. 몇 년이 지난 후에 미사가 끝난 후 층계를 내려오는데, 누군가가 앞으로 다가서면서 "대모님! 안녕하셨어요?" 한다. 누구지? 의아해서 쳐다보니 웬 낯모르는 여자가 서 있다. "누구신지…. 사람을 잘못 본 것 같은데요?" 했더니 "모니카 대모님이시잖아요, 저 율리안나에요." 한다. 아직도 기억은 희미하지만 더 모른다고 할 수가 없어서, "아! 참 그렇지요…" 손을 마주 잡으며 기억을 더듬어 보니 생각이 난다.

결혼식 때 그 예쁘던 모습은 다 어디로 가고 지금은 힘든 모습으로 나타난 대녀, 그동안 어디서 무엇을 하며 지냈느냐고 물으니 어디에선가 화원을 하며 지낸다고 한다. 아이들도 어리고 힘들게 지내는 것이 보이는 듯하다. 차나 같이 마시며 지난 일이나 얘기하자고 했더니 다음에 꼭 찾아오겠다고 하더니 어디로 간 걸까? 또 보이질 않는다. 늘 궁금하게 생각하며 몇 년이 지났는데 요즈음 들어서 부쩍 그 대녀의 모습이 떠오르며 지금은 형편이 좀 나아졌는지, 신앙생활은 제대로 하고 있는지 걱정이 된다. 그때, 사람을 잘못 보았을 거라며 반겨주지 못한 것이 자꾸 마음에 걸린다.

그랬는데 지난 주일날 미사 도중에 '서로 축복의 인사를 나누십시오.' 하는 시간에 양옆 사람에게 진심으로 축복합니다, 인사를 하고 뒤돌아 "진심으로 축복합니다." 인사를 건네는데, "대모님! 안녕하세요?" 하면서 손을 잡는 사람이 있다. 누굴까? 마주 인사를 하는데 이게 웬일인가, 요즈음 늘 생각하며 어떻게 하면 소식을 알 수 있을까 걱정하고 있던 대녀였다. 얼마나 반갑고 감사한지 눈물이 쏟아져서 성가가 두 곡이나 끝나도록 입을 다문 채, 하느님께 감사의 기도를 드렸다.

그날 만난 이후엔 이따금 소식을 주고받으며 지냈다. 우리 아이들 결혼식에도 참석해 주어서 어느 친지보다 반가웠다. 지금은 합정동 자기 집 작은 한옥에서 깔끔한 시골 음식으로 사람들의 입맛을 돋우어 주며, 신앙생활도 착실히 하고 있어서 감사하다.

1980. 5.

망년지우(忘年之友)의 아버지 꿈

망년지우(忘年之友)의 아버지 꿈을 꾸었다. 중절모를 쓰시고 평소처럼 단정하신 모습이다. 전혀 꿈을 꿀 분이 아닌 분 꿈을 꾸어도 이상하지도 않고 고개를 갸우뚱거릴 필요도 없다. 곧바로 기도해 드리면 되는 걸 알고 있다. 그런데 성함을 모르겠어서 친구에게 문자를 넣었다. 아버지 성함을 알려달라고, 늘 문자 확인도 못할 정도로 바쁜 사람이라 채근하기도 어렵다. 그리고 무슨 일로 오래전에 돌아가신 아버지 성함을 다 묻는지 엉뚱하다고 느낄 것 같아서 10여 년 전에 문상 갔던 기억을 떠올리며 성함을 생각해 보려고 애를 썼다. 어렴풋이 생각이 난다. 이 성함이 맞을까 싶어….

"혹시 아버님이 이런 함자를 쓰셨어요? 내 기억이 맞는지…."

"네 맞아요. 더운데 잘 지내시죠?"

"내가 아버님 함자를 생각해 낸 것이 너무 신기해요. 장례 때에 본 기억으로…."

그랬더니 난 한 번도 아버지 꿈을 안 꾸었는데 어떻게 모니카님 꿈에 다 나타나셨느냐고 아주 신기해하였다.

"나도 모릅니다. 좋은 모습이었지만 그냥 꿈에 보이셔서 기도해 드리려고요…."

"네에…. 감사합니다."

꿈에서 한의원 상호를 바꾸면 어떨까도 말씀하시며 내 지분도 있다고 하셔서 웃음이 다 나왔다. 나한테도 지분이 있다니 그게 무슨 뜻일까? 곰곰 생각하게 된다. 천국에 있는 외손자 라파엘 생각이 나서 한의원 이름을 라파즈 한의원이라고 바꿀까 하는 생각도 들었지만 남편하고는 말이 안 통할 것 같아서 혼자만의 생각으로 접었다. 그래도 나한테도 몇 프로의 지분이 있다는 말씀에는 궁금증이 남았었는데 아가다와 이야기 중에 이 집이 대모님 이름으로 있으니까 그런 뜻으로 말씀하셨나 봐요, 한다. 아, 그런가 보네. 내 지분이 뭘까 궁금했는데 이제 이해가 되네. 생시처럼 대화를 하였기 때문에 쉽게 잊어버리지가 않는다.

이 친구는 전대사 기도가 무엇인지 모르는 교회 신자이다. 아버님이 평소에 길에서 불쌍한 사람을 보면 겉옷도 벗어주고, 수중에 돈이 없으면 만년필이라도 주고 오신다고 하였었다. 아마도 이분도 불쌍한 영혼을 위해서 기도해 달라고 꿈에 보이신 것만 같다. 아버님! 감사합니다. 전대사 봉헌해 드릴 테니 외롭고 불쌍한 영혼을 위해서 기도해 주세요.

새벽녘에 호랑이오빠 꿈을 꾸었다. 오빠 기일이 다가왔나? 추울 때 돌아가셨으니 이맘때쯤인가 보다는 생각이 들었다. 가족 카톡방 큰질부에게 "오빠 기일이 언제야?" 하고 물었다. 답글에 "요셉 오빠인지요? 바오로 오빠인지요? 바오로 오빠는 어제였고, 요셉 오빠는 1월 18일입니다."

'요셉 오빠는 호랑이 오빠인데 바오로 오빠는 누구지?' 순간 번개처럼 떠오르는 장면이 있다. 내가 4, 5세 때인지 작은댁 마당에 상여가 놓이고 사람들이 많이 모여 있었다. 키가 작아서 사람들이 상여를 에워싸고 있는 안쪽이 안 보여서 상여 옆을 빙빙 돌던 생각이 났다. 그때 돌아가신 오빠가 바오로 오빠였다는 생각이 들었다. 그러고 보니 사촌오빠가 또 한 분이 계셨었다.

언젠가 어머니가 청년 시절에 돌아가신 그 오빠 이야기를 하셨던 기억이 난다. 작은댁에도 봉석이만 살았으면 좋았을 텐데 젊은 나이에 가서 늘 안타깝다고 하셨다. 호랑이오빠도 하느님 보시기에 잘 살고 계셨는데, 바오로 오빠는 어른들 보시기에 더 잘 살다 가셨나 보다는 생각이 든다. 그동안 전대사 기간에는 생각조차 안 났다. 내가 너무 어릴 때여서 까마득히 잊었나 보다. 이미 하늘나라에 계신 분이어서 생각이 안 났을까? 어찌되었든 호랑이오빠 꿈을 꾸어서, 봉석오빠 기도를 해 드리니 감사할 따름이다.

작은댁 큰질부는 지금까지도 뵌 적도 없는 그 오빠 기일에도 기도를 해드리는구나 싶은 게 내가 다 감사하다. (나바위 성당 12. 10)

외갓집 식구들을 위해서 기도를 해 드리다가 친할머니 친할아버지 생각이 났다. 외갓집 가족은 외할머니 외할아버지도 눈에 선하고 외삼촌 외숙모들도 다 기억이 난다. 그런데 할머니, 할아버지는 내가 태어나기도 전에 돌아가셨기 때문에 전혀 생각도 못했다. 뵌 적이 없으니 기억을 할 리도 없다. 그런데 불현듯 생각이 났다.

이따금 어머니한테 "할머니 할아버지는 어떤 분들이셨어요?" 여쭤본 적은 있었다. "키는 크셨어요? 아버지들이 작으신 걸 보면 할머니는 키가 작으셨나 봐요?" 하며 궁금히 여겼다.

세간을 나지 않고 네 동서가 한집에 살았을 때인데 부엌에서 식사들을 하셨다고 했다. 식량은 물론 고추장 된장도 부족할 때였는데 고추장이 먹고 싶어서 큰어머니는 할머니가 나오실까 망을 보고, 막내 숙모님은 살금살금 고추장을 뜨러 간다. 장독 뚜껑을 열다가 달그락 소리를 내면.

"이년들, 또 장 뜨러 갔느냐?" 하며 역정을 내셨다고 한다. 고추장, 된장도 마음껏 못 먹고 사셨다는 엄마들이 갑자기 불쌍해진다. 할머니가 무서운 분이셨는지 여쭤보았다. 워낙 젊은 며느리 넷이 황소처럼 먹을 때니 그럴 만도 하셨다며 무서운 분은 아니라며 웃으신다.

그런데 이상한 일이다. 많은 분들을 위해서 기도하러 다니며, 기쁘기도 슬프기도 했지만, 우리 할머니 할아버지 기도해 드리러 갈 때는 얼마나 기쁜지 곧 만나러 갈 것처럼 마음이 날아갈 것 같았다. 태어나는 것도 못 본 손녀딸이 당신들을 위해서 기도하러 가는 것을 보며 얼마나 대견하게 생각이 되셨을지 그 마음을 헤아리게 되어서 기뻤나 보다. 종일 웃음이 나왔다.

'할머니! 제가 천국에 가면 저를 찾아와 주셔야 됩니다. 불현듯 할머니는 어떤 분이셨을까 보고 싶었어요.'

까마득한 옛날을 회상하고 있지만, '천 년도 당신 눈에는 지나간 어제 같다.'는 말씀이 생각날 뿐이다.

친할머니 나바위 성당 10. 30, 친할아버지 신리성지 11. 6.

당신 꿈에 보여야 기도를 받으시니까

2008년, 바오로 탄생 2000년을 기해서 선포된 전대사 기간에, 6살 되던 해에 입학통지서를 받아 놓고 하늘나라로 간 어린 천사 박경원 라파엘의 치유를 위해서 연미사와 전대사 봉헌기도를 많이 하였었다. 2012년 10월에 신앙의 해를 맞이하여 또다시 전대사가 선포되었다. 그 해에 우연히 부여로 이사를 왔다. 이곳에 사는 것이 행복한 마음이 들 때마다 우리 부부는 라파엘이 이 한적한 곳으로 우리를 데려다 놓았다고 이야기를 한다.

이사 온 지 두 달 만에 10월 20일 공주 황새바위 순교자 성지에서 거행되는 신앙의 해 순교자 현양미사에 참석하게 되었다. 현양미사 가기 며칠 전에 꿈을 꾸었는데 몇 년 전에 돌아가신 사촌올케 두 분이 나란히 보였다. 성지에 가려는 걸 알고 전대사 기도를 해 달라는 것으로 이해가 되었다. 2008년 전대사 기간 동안 돌아가신 분들을 위해서 봉헌한 경험이 있었기에 금방 이해가 되었다. 하루에 한 분께만 전대사 봉헌을 할 수 있어서 한 분만 먼저 기도해 드렸다. 다른 올케는 다음 주일에 기도해 드리기로 하였다.

그런데 동생한테 전화가 왔다. 친정 동네에 가면 반갑게 맞아 주시는 사돈 할머니가 돌아가셨다는 전갈이다. 남편이 평생 축첩 생활을 하였기 때문에 힘든 삶이었다. 거기다가 자녀들과도 무슨 오해가 있었는지 서로 왕래 없이 살았다고 한다. 그분의 삶이 힘든 삶이셨기에 돌아가시면 꼭 알려달라고 부탁을 하였었다. 임종하신 지 며칠 만에 전대사 기도를 해 드리니 얼마나 기쁜지, '하느님, 감사합니다.' 하는 찬미의 노래가 저절로 나왔다.

사촌언니 두 분, 아가다 언니와 임순 언니가 또 꿈에 보였다. 전대사 봉헌하라고 가족에게 전화까지 했었는데 꿈에 보이니 기도를 안 할 수가 없어서 주일마다 전대사 성지를 갔다. 수녀동생에게 전화를 해서 꿈에 언니들 만난 이야기를 했더니 "언니들 모습이 어떻던가요?" 하고 묻는다. "평상시와 같았어. 걱정 말아요. 전대사 기도가 받고 싶으신가 봐."

어느 날인가 본당에서 늘 뵙기는 했지만 식사 한 번 같이한 적이 없는 연령회 일로 늘 바쁘셨던 분을 꿈에 뵈었다. 그분은 연도를 하실 때에 그 긴 기도문을 책도 안 보고 하시는데 그 기도 소리가 돌아가신 분이 금방 하늘나라에 갈 수 있을 것처럼 구성지고 절절하였다. 식사시간에 남편한테 송 회장님은 개인적으로 잘 알지도 못하는데 꿈에 다 보이는지 모르겠다고 하였더니 "당신 꿈에 보여야 전대사 기도를 받으니까 보이겠지. 부지런히 성지에 다니며 기도해 드려요." 한다.

그래서 우린 주일마다 전대사로 지정된 성지로 미사참례를 하러 다닌다. 봉헌해 드릴 분이 하도 많아서 남편도 아는 분은 남편한테 기도 부탁을 하게 된다.

오래전에 돌아가신 본당 신부님 꿈을 꾸었다. 이렇게 오래되었어도 기도가 필요하신가? 지금까지도 연옥에 계셨다는 말인지 회의가 다 든다.

'천년도 당신 눈에는 지나간 어제 같고 마치 한 토막 밤과도 비슷하나이다.'

이런 시편의 말씀처럼 하느님께는 천 년도 하루 같아서일까? 고개를 갸우뚱거리는 나를 보고 남편이 한마디 한다.

"무언가 풀지 못하고 가신 게 있으신가 보지? 뭘 걱정해요? 기도해 드리면 되지."

사촌수녀의 이모 되시는, 나도 잘 아는 분을 꿈에 만났다. 몇 년 전에 돌아가셨다는 말을 들었었다. 우리 작은댁은 아주 열심인 집안인데 그 이모님은 동생네를 자주 오고 가셨는데도 늘 외인이셨다. 이모님은 외인이신데 왜 꿈에 보일까?(그때만 해도 외인을 위해서는 기도해 드릴 수가 없다고 알고 있을 때였다.) 그냥 넘길 일이 아니어서 사촌과 통화를 하였다. 혹시 이모님이 성당에 다니다 돌아가셨는지 물으니 돌아가실 무렵에 대세가 아닌 세례를 받으셨다며 마라아라고 한다. 웃음이 다 난다. 기도를 얼마나 받고 싶으시기에 사돈인 내게 응원을 청하셨는지 지체하지 않고 기도해 드렸다. 실은 기도를 꼭 해 드려야 될 분이었다. 내가 어려서 봄만 되면 풀독으로 생긴 피부병 때문에 아버지 따라 병원을 다닐 때인데 어느 해인지 수원 도립병원에도 갔다. 그때 그 이모님 댁에서 하루를 자며 병원에 치료를 받으러 갔던 일이 있었다. 이제라도 이모님의 영혼을 위해서 기도할 수 있으니 얼마나 감사한 일인지 하느님께 감사드렸다.

이제는 음식이 아니다

초등학교 시절 강아지 때부터 기르던 검둥이를 친구 삼아 다니던 때의 일이다. 8월에 벼가 패서 이삭에 물이 들 때부터 참새들이 모여들기 시작하는데 오빠나 언니가 가면 안 되는지 꼭 잠꾸러기인 나만 깨워서 보내셨다.

새벽에 쏟아지는 잠을 떨치고 일어나기가 너무나 힘이 드는데, 엄마한테 몇 차례 꾸중을 듣고서야 졸린 눈을 비비며 들로 나가곤 하였다. 이때 졸랑졸랑 따라오는 놈이 검둥이다. 아무도 밟지 않은 새벽 논둑길을 걸어가노라면 양쪽 옆에 풀들이 이슬을 흠뻑 먹어서 그 이슬이 발등을 적시곤 한다. 일어나기 싫은 때의 느낌과는 달리 새벽에 풀 이슬을 헤쳐 가며 걷는 기분은 상쾌하고, 해 뜨기 직전의 하늘과 들판의 아스라한 풍경은 신비스럽기까지 하였다.

참새 떼들과 싸우던 일을 생각하면 지금도 약이 오른다. 양철통을 막대기로 힘껏 두드리면 포르르 날아서 저쪽 논 끝쯤에 가서 무더기로 내려앉는다. 뛰어가서 쫓으면 다시 저쪽으로…. 조금만 늦게 가서 쫓으면 알곡이 익기도 전에 다 먹어버린다. 내가 이리로 저리로 뛰면 검둥이도 따라 뛰며 짖는다. 새들을 쫓는 거겠지…. 메뚜기를 잡으러 다닐 때도 검둥이는 내 친구였다. 먼저 뛰어가서 메뚜기를 쫓기도 하였지만 순한 눈이 너무도 다정한 친구였다.

어느 날 학교에서 돌아오니 검둥이가 마중을 나오지 않았다. '이상하네. 어디 갔을까?' 의아해하며 엄마한테 "검둥이 어디 있어요?" 하고 여쭈어 보니 "아, 웬일인지 마루 밑에 들어가서 안 나온다."고 하신다.

마루 밑을 들여다보며 "검둥아! 검둥아!" 이리 나와 하며 불렀더니 눈빛이 파란 게 신음 소리를 내며 아파하는 것이었다. 어디서 쥐약을 먹었는지 고통스러워한다. 물이라도 먹이려고 아무리 불러도 나오지를 않더니 결국 죽고 말았다. 그때 아마 2, 3일은 울고 다닌 것 같다. 사람이 죽은 것도 아닌데 며칠씩 청승 떤다고 엄마한테 꾸중도 들었다. 그 후로는 개를 안 길렀다. 절대로 안 기를 거라고 다짐을 하였다. 사람과의 이별처럼 얼마나 마음이 아팠는지 또 겪고 싶지 않았다. 그랬는데 아이들이 강아지 타령을 하도 하여서 진돗개를 기르다가 또 이별을 하기도 하였다.

나는 40세가 넘어서야 보신탕을 먹게 되었다. 어느 해 여름에 사촌 오빠네를 갔다. 오빠 생신이라 갔는데 올케가 보신탕을 만들어서 손님들께 대접을 한다. 커다란 양푼에는 잘 찢어서 양념이 된 수육이 하나 가득하다. 그때는 개고기를 먹는 사람들이 야만인같이 보일 때였다. 당연히 나는 못 먹으니 다른 음식들을 먹고 있었다.

올케언니가 옆에 오시더니 접시에 수육을 가득 담아주시며 "잡숴 봐유, 냄새도 안 나지만 잘 삶아져서 맛있어유." 하며 자꾸 권한다. 생전 안 먹었으니 고개를 절레절레 흔드는데, 옆에 손님으로 온 젊은 여자 둘이 서로에게 권하며 이 음식을 먹고 나면 이튿날 얼굴이 매끄럽고 화장이 잘 받는다고 하며 맛있게 먹고 있다. 하기는 맛있게 무친 수육이 먹음직스러워 보였다.

먹어 보기로 결심하고 부추와 같이 한입을 먹었다. 정말 맛있다. 그때부터 보신탕을 먹게 되고 30여 년이 지났다. 어느 여름날, 동서울 골프장에서 4집이 부부동반으로 운동을 끝내고 불암동에 있는 보신탕을 전문으로 하는 음식점엘 갔다. 점심시간도 약간 지나고 과한 운동을 했으니 배도 고플 때였다. 거기다가 보신탕이 얼마나 시원하고 맛있는지 여자들 넷이 국을 자꾸 더 달라고 하였다. 주인 마나님이 아예 매운 양념을 하지 않은 진국을 양푼으로 퍼다 준다. 반쯤 담아온 국을 여자들이 다 먹었다. 나는 약간 몸살기가 있었는데 몸이 개운해지고 몸살기는 멀리 사라졌다.

그런데 LA에 사는 딸네 집을 두 달간 다녀오고 나서부터는 보신탕을 먹지 못한다. 아니 안 먹는다. 두 달 동안 지내는 동안 딸과 사위가 직장엘 가면 나와 꼬미(강아지)만 남게 된다. 길도 설고 차도 없으니 아이들이 올 때까지 꼼짝없이 갇혀 있다. 거기다가 미국은 우리나라와는 달리 대체로 개를 집안에서 키운다. 처음에는 집안에서 털 짐승을 키우는 게 마땅찮아서 강아지를 원하는 집에 주었으면 했다. 아이들이 용돈까지 모으며 강아지를 사 달라고 조르는 집에 주라고 하였다. 그런데 그 집에 엄마가 강아지 시중까지 들어야 하는 부담 때문에 무산되었다.

어쩔 수 없이 꼬미와 지낼 수밖에 없는 처지가 되다 보니 쉬한다고 옷을 잡아당기면 밖에 나가야 되고 또 워킹도 시켜야 하니 차츰 정이 들게 되었다. 나 역시 개에 대한 사랑이 누구보다 못지않다. 그렇지만 집안에서 키우는 게 내 정서로는 맞지 않았을 뿐이다. 어느 때는 심심한지 테니스공을 물고 와서 내 앞에 놓으며 놀자고 한다. 웃음이 나오지만 슈팅할 자세를 취한다. 그럴 때 꼬미의 자세는 유명 골키퍼보다 더 완벽하다. 양발을 딱 버티고 섰다가 순간에 날아오는 공을 받아 무는 모습이 조상이 사냥개가 아니었을까 싶을 정도로 멋있기까지 하다. 할머니의 슈팅이었지만 순간에 날아가는데도 실수가 없다. 얄미워서 정면으로 보낼 것 같은 자세를 취하다가 좌로 우로 보낼 때에는 어쩔 수 없이 실수가 나온다.

미국은 모든 주택들의 주위에는 잘 다듬어진 잔디밭이 있다. 어느 날 새벽에 소나기 오는 소리가 들린다. 비 오는 소리를 들으며 모든 작물 등 특히 잔디가 더 싱싱해지겠구나 싶어서 기분이 좋아진다. 얼마나 내리는지 창밖을 보았다. 그런데 시원하게 쏟아지는 비 소리는 스프링클러에서 넓은 잔디밭으로 퍼져나가는 물줄기였다.

잔디만 보면 골프 어프로치가 하고 싶어진다. 여기서 저쪽까지는 한 30미터 되겠구나, 이 정도 스윙이면 홀컵에 가져다 붙이겠다고 혼자 상상하며 기분이 좋은데, 세상에나, 그곳은 견공들의 배설하는 장소였다. 누구든지 강아지 목줄을 잡고 와서 배변을 시키고 비닐봉지에 변을 담아서 간다. 간혹 치우지 않고 가는 비양심가도 있는데 잘못하다간 밟을 수도 있다. 그런 행동들을 하는 사람들은 미국 사람은 아니고 타국에서 온, 특히 한국 사람들도 눈에 띄어 내가 다 부끄럽다.

꼬미는 생각하는 게 거의 어린아이 수준이다. 밖에 나가자고 옆에 와서 팔을 건드린다. 내가 황창연 신부님의 유튜브 강의에 빠져서 응대를 안 하면 아예 문 옆으로 가서 서 있다. 그런 행동들이 웃음이 나오지만, 하던 일을 멈추고 나가게 된다. 워킹을 하려고 문을 나서면 줄에 묶인 채이지만 어린애처럼 좋아하며 졸랑졸랑 앞서서 가는 게 퍽이나 기분 좋은 모양이다. 그런 모습에 나 역시도 행복해진다.

10여 분 거리에 있는 호수에 가면 족히 강아지 덩치만 한 오리들이 즐비하다. 오리들도 물 밖으로 나와 풀밭에서 여유를 즐긴다. 강아지의 속성으로 달려들면 일제히 물속으로 다이빙을 한다. 오리 떼, 갈매기 떼, 어린 오리 떼 등 100여 마리의 새들이 호수를 미끄러지듯 노니는 모습이 한국에서는 볼 수 없는 장면들이어서 꼬미 덕에 나까지 즐겁다. 그런데 한국에 올 때쯤 보니 큰 오리들은 다 어디로 갔는지 보이질 않는다. 어디로 갔을까 혹시 팔려갔나 하는 엉뚱한 생각도 들었다.

내가 한국에 올 때쯤 꼬미는 본래의 주인이던 집에 다시 보냈다. 창살 없는 빈집에서 벗어나 가족처럼 사랑해 주는 특히 어린이가 있는 집이어서 얼마나 다행인지 가벼운 마음으로 돌아왔다.

7년 전 부여로 터전을 옮기고부터는 보신탕을 더 자주 먹게 되었다. 서울에 살 때는 일 년에 몇 번 정도였는데 부여로 와서는 한 달에 몇 번이나 되었다. 집에 돌아오니 보신탕 먹을 기회가 또 생긴다. 약속이나 한 것처럼 부여로 같이 이사 온, 대녀 아가다네와 갔는데 보신탕을 안 먹는다고 하면 식사 분위기를 깰 것 같아서 내키지 않았지만 그날은 먹었다. 어느 날 점심을 먹으러 가는데 또 보신탕 얘기가 나온다. 가만히 있으면 계속 반복될 것 같아서 나는 삼계탕으로 주문을 하였다. 나는 앞으로는 보신탕은 사절입니다, 꼭 삼계탕으로 주문해 주세요, 부탁하였다. 꼬미에게 미안한 마음이 들지 않으니 마음이 다 후련하다.

아직 말은 못하지만 엄마한테 자기표현은 다 하며 밖에 나가자고 손을 잡아끌던 아이들처럼, 옆에 와서 팔을 건드리던 꼬미가 새삼 보고 싶어진다. 어느 날인가는 꼬미를 데리고 조금 먼 곳까지 산책을 갔다가 길을 잃어서 헤매고 있었다. 힘이 들어서 어느 집 계단에 앉아서 쉬고 있을 때였다. 꼬미는 큰 나무에 다람쥐가 오르내리는 것을 보며 잡을 것처럼 나무 위를 쳐다보며 단숨에 올라갈 것 같은 자세를 취한다. 다람쥐는 어디 잡아보라는 듯이 빤히 내려다본다. 재미있는 광경인데 힘이 드니 웃음도 안 나왔다.

1시간가량을 헤매다가 방향을 찾아서 힘들게 걷는데 꼬미가 졸랑졸랑 앞서가는 모습에 아이들 손을 잡고 다니던 때가 생각이 나서 아련한 추억으로 다가온다.

"할머니는 힘이 드는데 너는 기분이 최고구나." 약이 올라서 한마디 하였다. 저녁에 길을 잃어서 어느 집 계단에 앉아있었던 얘기를 하니 딸이 "엄마, 그렇게 앉아 있으면 노숙자로 알고 경찰이 와서 실어가요" 한다.

말도 안 통하니 실랑이를 벌일 뻔하였다. 바쁜 아이들을 부르지 않고 집을 잘 찾아왔으니 천만다행이다. 그나마 옆에 꼬미가 있어서 든든하였다.

음식이 넘쳐나는 세상에 보신탕은 아니라는 생각이 이제라도 들었으니 다행이다.

천국에서 아빠를 기다리다가

어린 조카 요한이가 떠난 지가 50여 년이 지났다. 하늘나라로 떠나고 난 후 10여 년은 자주 꿈에 만나곤 하였다. 산소에 묻은 지 얼마가 되지 않았을 때에는 너무 보고 싶어 나도 빨리 죽으면 좋겠다는 생각이 들었다. 하늘나라에나 가야 만날 수 있다는 생각이 들었으니까.

꿈을 꾼 날이면 언제나 좋은 일이 생겼다. 잠자기 전에라도 좋은 일이 있었다. 열 살 때까지 저를 돌보아 준 것에 대한 보답일까? 하는 마음이 들 정도로 자주 꿈을 꾸었고 그때마다 좋은 일이 있곤 하였다. 아이들 키우며 바빠서일까? 그 후 40여 년은 한 번도 꿈을 꾼 적이 없었다. 하늘나라에서 고모를 위해서 기도해 주고 있었을 것이다.

오빠가 작년 9월에 돌아가셨다. 93세에 돌아가실 때까지 먼저 간 아들 요한이를 늘 가슴에 묻고 계셨다. 오빠 영정 앞에 엎드려서 첫 마디가 "오빠! 요한이를 만나셨나요?" 했을 정도로 오빠도 나도 요한이를 가슴에 묻었었다.

돌아가셨을 때는 전대사 기간이 아니었기 때문에 안타까웠다. 언제나 전대사 기간이 되어서 오빠 영혼을 위해서 기도를 해 드릴지 까마득하기만 하였다. 아무리 신앙 안에 살다가 죽었어도 순교로 목숨을 바친 영혼이 아니고서는 바로 하늘나라에 갈 수는 없을 거라는 생각이 늘 들었다. 평소에 고백성사로 잘못을 사함 받았다고 하지만 잠벌이 남아 있고 그만큼 연옥에서 정화되고 후손들의 기도가 보태져야 천국에 들 수 있으리라는 믿음으로 전대사 기도를 하고 있다. 그래도 복이 많으신지 돌아가신 지 2개월 후에 프란체스코 교황님께서 한국 교회에 전대사를 선포해 주셨다. 평신도의 날 100주년이 되는 해를 기념해서 전대사 기간으로 정해주셨기 때문이다.

더 급한 영혼들에게 기도해 드리러 다니느라 오빠가 조금 뒤로 밀렸다. 실은 조카딸이 작년 11월 연령의 달에 아버지 전대사를 해 드릴 거라고 해서 마음이 급하지가 않았었다.

그런데 요한이가 꿈에 보였다. 이미 오래전에 돌아가신 어머니도 오빠와 같이 계신 꿈을 꾸었다. 이튿날에도 오빠와 요한이 꿈을 또 꾸었다. 아빠 기도를 해 달라고 느긋한 고모를 재촉하는 것 같았다. 하늘나라에서 아버지를 만나고 싶은데 무엇인지 걸림돌이 있어서 만날 수가 없나 보다는 생각이 들었다.

조카딸에게 전화를 해서 아버지 기도해 드렸는지 물으니 회사 일이 바빠서 가지 못했다고 한다. 우리 오빠는 을지무공훈장을 탄 국가 유공자이다. 서울 현충원이 멀어서 더 못 갔을 것 같다. 오빠는 6.25전쟁터에서 폭격으로 발을 다쳐서 걷지를 못하였고 다른 병사는 눈을 다쳤는데 깜깜한 곳에서 길을 잃고 헤매고 있었다고 한다. 눈을 다친 병사가 오빠를 업고 오빠가 알려 주는 대로 길을 찾아서 엎어져 가며 고비를 넘고 넘으며 돌아왔다고 하였다.

요한이가 두 번이나 꿈에 보인 이유를 알 것 같아서 더 지체하지 않고 집에서 15킬로만 가면 되는 가까운 나바위 성지에 가서 전대사 기도를 바쳐드렸다. 2년 전 기도하러 다닐 때만 해도 거리에 상관하지 않고 다녔는데 올해는 먼 곳은 부담이 된다.

어릴 때 떠난 요한이가 아버지를 만나서 얼마나 기뻐했을지 눈에 보이는 듯하며 나까지 행복한 마음으로 충만해진다.

'하느님, 언제나 꿈을 꾸어서 영혼들을 위해서 기도하게 해 주시니 감사하고 감사합니다.' 박경원 라파엘의 치유를 위해서 기도할 때에 전대사 기도를 알게 해 주셔서 시작된, 영혼들을 위한 전대사 기도, 오직 사명으로 알고 지정성지에 다닙니다.

하느님이 제일 좋아하시는 것은 영혼들을 구원하는 일이라고 한다.

잠자듯 떠나신 아버지

아버지를 집으로 모셔 오려고 입원실에 들어선 지 불과 10여 분 만에 떠나신 것이 자손들을 힘들게 안 하시려고 가신 것만 같아서 할 말을 잊게 된다.

결혼해서 분가하기 전에 시댁에 들어가 10여 일을 살았다. 결혼 초기이니 당연히 시아버님을 아버님이라고 불렀는데 2, 3일이 지나서 밥상을 차려 놓고 "아버님! 진지 잡수세요." 하였더니, 상에 앉으시며 "이제부터 아버님, 그러지 말고 아버지라고 해라." 하신다.

처음에는 좀 어색했지만, 그 후부터 자연스럽게 아버지라고 부르게 되었다. 손아래 동서가 네 명인데 다들 나를 따라서 아버지라고 불렀다.

아버지께서는 아침마다 마당에 물까지 뿌려서 쓸고, 일터인 약국을 물걸레로 말끔히 닦아 정리를 하셨는데, 난 그런 아버지의 모습이 너무나 감동스러웠다. 대부분의 남자들한테서는 볼 수 없었던 모습이라 친정에 다니러 가서 엄마한테 처음 한 얘기가 아버지의 청소하시는 모습을 이야기할 정도로 새삼스러웠다.

시어머님은 그때 천식으로 오래 앓고 계셨다. 셋째를 출산하고 3일 후부터 밭일을 하셨다고 들었다. 시할머님이 출산 후가 얼마나 중요한 줄을 모르고 밭일을 시키셨는지, 아무튼 그게 고질병이 되어서 환절기만 되면 고생하다가 돌아가셨다. 그런 일 때문인지 남편은 나를 한 달씩이나 산후 조리를 시켜서 고역을 치렀다. 추석 무렵이라 아직은 더울 때인데 내복까지 입고 밖에 있는 화장실도 못 가게 해서 정말 힘들었다.

어머니가 돌아가신 후 아버지가 혼자 시골집에서 몇 년을 사셨다. 서울로 모셔 오려고 해도 서울 가면 답답해서 못 살 것 같다고 오시지 않는다. 약국도 운영하고 대서일도 보시면서 아직은 올라 갈 때가 아니라고 자유롭게 사셨다. 그러나 나는 이따금 아버지를 뵈러 갔다가 돌아올 때면, 꼭 물가에 애를 떼어 놓고 오는 것처럼 마음이 놓이지를 않았다. 약주를 좋아하셔서 식사를 거르실 것 같은 마음이 들어 더욱 편치 않았다. 그러다가 모셔오고 나서는 마음이 얼마나 편한지 걱정거리가 한 가지 줄어든 것처럼 홀가분하기까지 하였다.

우리 집에 오셔서 17년 동안 사셨는데, 그동안 안 하고 사신 기도생활 열심히 하시라고 당부를 드렸더니, 며느리가 마음 상할

까봐 그러셨는지 신앙생활을 아주 충실히 하셨다. 자손들이 어려운 일이 생기면 제일 먼저 아버지께 기도 부탁을 하곤 하였다.

돌아가시기 몇 년 전에 아버지 연세가 높으시니 선종기도를 많이 하시라고 하였더니 "그럼 해야지, 하고 있다."고 하신다. 그래서일까 올여름 식사를 조금씩 줄이시더니 죽을 잡수시다가 미음으로, 미음도 넘기기 힘들어하시더니 오래 고생 안 하시고 하늘나라로 떠나셨다.

사시는 동안 내 일도 많이 도와주셨다. 창문틀까지도 먼지 하나 없이 닦아주셨다. 내가 이따금 운동 가려고 골프가방을 꺼내놓으면, 언제 보셨는지 들어다 차에다 실어 주신다. 그런 중에도 날씨가 좋은 날에는 그나마 다행인데 비가 부슬거리고 오는 날은, 가방 내놓기도 민망스러워서 아버지 몰래 살그머니 가려고 해도 어느새 가방을 들어다 차에 실어주시며 "비가 오는데…" 걱정되어 말씀하시면 난 변명한다는 말이 그곳에 도착하면 비가 그쳐요, 이렇게 말씀드리고 가면 정말 햇볕이 쨍하니 뜨곤 했다. 운동하면서 친구들한테 나 운동하러 올 때마다, 우리 시아버지가 차에다 가방 실어 주신다고 자랑하면 "어머나! 그 할아버지 멋쟁이시다" 하며 부러워들 했다.

아버지는 서울 오셔서 사시는 동안 게이트볼 선수로, 또 심판 자격증까지 따실 정도로 하루도 빠지지 않고 게이트볼장에 가셨다. 그렇게 산으로 다니신 덕분에, 돌아가시기 20여 일 정도만 못하셨다. 돌아가실 무렵에 기력이 쇠하신 것 같아서 이따금 게

이트볼장으로 모시러 갔다. 그날도 부지런히 올라가니 입구 쪽에서 계셨는데 한쪽으로 기울어지게 서 계신 모습이 넘어질 듯 위태로워 보인다. 급하게 차를 세우고 태워 드렸는데 어찌나 숨을 헐떡이시는지 '아! 아버지가 정말 오래 못 사시겠구나.' 하는 생각이 들어 안타까웠다. 물기라곤 하나도 없는 나뭇가지를 보는 듯 새삼 생로병사의 과정이랄까 아무도 막지 못하는 길을 가실 것 같아서 마음이 무거워졌다.

그러다가 10일간 병원에 계셨는데, 무슨 검사를 하는지 나올 피도 없는데 매일 피를 뽑는다. 그래서 더 많이 힘드셨다. 며칠 후 병원에서는 더 이상 어떻게 할 수가 없는지 다른 요양원으로 모시고 가라고 한다. 8남매가 모두 모여 의논한 끝에 요양원으로 모시기로 하였다. 그러나 아침 기도 중에 이런 생각이 들었다. 부모님이 임종하실 때가 되면 집에 모셔야 하는데 간병이 힘들어서 너 나 할 것 없이 요양원으로 모셔 간다는 게 마음에 걸린다.

이미 돌아가실 분을 요양원으로 모셔다 놓고, 안 돌아가셔서 걱정이라고 말하는 사람들을 많이 보았다. 기계에 의해서 강제로 붙잡아 놓고 마음대로 돌아가실 수도 없게 만드니 '저건 아닌데, 저건 아닌데.' 안타까울 때가 많았다. 그럴 적마다 내가 이웃에게 하던 말들이 있다. 부모님이 노환으로 병중에 계시면 최선을 다해서 모시다 자연스럽게 돌아가시게 해야 된다고, 그래서 나는 힘이 들 거라는 각오를 단단히 하고 집에 모시기로 하였다. 아버지의 병세로 봐서 1주일, 길어야 한 달만 모시면 돌아가실 텐데,

그 수고도 하기 싫어 요양원에 모시고 간다는 게 하느님 보시기에 아닐 거란 생각이 많이 들었기 때문이다. 특히 손아래 시누이 둘이 아버지를 지극 정성으로 간병하고 있었기 때문에 더 용단을 내렸는지도 모른다.

8남매, 아니 사위, 며느리들까지 모두 모여 아버지 방을 말끔히 치우고 내가 시집올 때 가져온 장롱까지 내다 버렸다. 요 위에 비닐까지 깔아 놓고 모셔 오기로 작정을 하고 나니, 지혜를 주신 하느님께 감사한 마음이 들었다.

이튿날 아침에 아버지를 모셔 오려고 병원으로 갔다. 입원실로 올라가 아버지를 뵈었는데 뵈러 간 지 10여 분 후에 아버지가 주무시듯 숨을 거두셨다. 아버지가 이상하다고 남편이 의사선생님을 불러왔는데, 환자를 살피던 여의사가 가톨릭 신자였는지 조용히 성호를 긋더니, "운명하셨으니 가족들을 부르세요." 한다. 돌아가실 거라고 생각은 하고 있었지만, 이렇게 빨리 가실 줄은 몰랐다. 더 이상 자식들을 힘들게 하는 게 싫으셨는지, 잠자는 것처럼 하늘나라로 가셨다.

장례식에 왔던 주위 친구들이 그동안 시부님이 어디서 사셨느냐고 묻는다. 우리 집에서 17년 동안 사셨다고 했더니 많이 놀란다. 그런데 왜 한 번도 시아버지 얘기를 하지 않았느냐고 한다. 홀시아버지 모시고 살면서 힘들다는 푸념을 한 번도 안 했는지 묻는 것 같았다. 내가 웃으며 우리 아버지는 나를 힘들게 하지 않고 오히려 도와주셨다고 하였다. 그럴 수도 있는 건지 모두

들 고개를 갸우뚱한다.

손위 언니가 네가 아버님을 집으로 모셔 오려고 한 것이 하느님 보시기에 좋으셔서 하늘나라로 모셔간 것 같다고 한다. 요양원으로 가셨으면 마음대로 돌아가시지도 못하고 고생하셨을 거라며 어떻게 그런 생각을 하였느냐고 대견해 한다.

고향 뒷산에 아버지를 잘 모시고 난 후에 며칠이 지나서 남편이 한마디 한다. 그동안 좋아하던 노래도, 휘파람도 못 부르고 살았는데 이제는 맘껏 부르며 살라고 한다. 아버지가 처음 오셨을 때 집에 계시다는 걸 깜박 잊고 설거지를 하면서 평소처럼 「어린 날의 추억」을 휘파람으로 신나게 불고 있었다. 그런데 산에 가려고 나오신다. 민망스러워서 자라목을 한 이후로는 노래도 휘파람도 부르지 않고 살았다. 다시 불러질지 시도해 봐야겠다.

요즘 매일 아버지 영정 앞에서, 돌아가신 분을 위해서 하는 연도를 바친다. 선하게 사셨으니 우리들이 바라는 대로 하늘나라에서 평화를 누리고 계실 것이라 믿고 있다.

Santa Monica

늘 벼르기만 하다가 올해는 겨울김장을 일찍 담가놓고 LA에서 거의 9년째 살고 있는 딸네 집을 가게 되었다. 어떻게 살고 있는지 궁금하고 아직도 터를 못 잡고 사는 것 같아서 늘 걱정이 되었다. 지인들이 딸이 보고 싶지도 않느냐며 다녀오라고 성화를 대지만 나름대로 바쁜 일들이 있어서 선뜻 나서지를 못하였다.

나는 딸 사위보다는 외손녀 선영이가 더 보고 싶었다. 초등학생 때 떠났던 선영이가 이미 대학생이 된 지도 2년이 지났다. 그리고 떠난 지가 얼마 되지도 않아서 방문한다는 건 아니라는 생각이 들었다. 아직 자리도 안 잡혔을 텐데 간다는 것은 내 상식으로는 아니었기 때문이다.

특히 봄만 되면 서너 포기씩이지만 텃밭에 오이, 상추, 토마토 등을 심을 기대에 망설여졌고 여름이면 싱싱한 채소들을 만나는 기쁨에 선뜻 나서지를 못했다. 철따라 열리는 과일들도 내 발길을 붙잡았다.

올해는 다녀오기로 결정을 하고 아들이 마일리지로 비행기 표를 예매하고, 출입국에 대한 수속 일정 서류를 팩스로 받고 나니 실감이 난다. 그런데 외국 다녀온 지가 오래되다 보니 은근히 부담이 된다. 특히 입국 시에 인터뷰하는 물음을 제대로 응대할지도 부담스럽다. 트럼프가 대통령이 되고 나서는 입국절차가 까다롭다고 들었다.

출국장 안에서 탑승을 기다릴 때였다. 긴 의자에 앉아서 시간을 보내고 있는데 저만치에 앉아 계신 분이 한국 여자 분이시다. 그분이 할머니가 혼자 앉아 있으니까 옆으로 와서 말을 걸어온다. LA에 누굴 만나러 가느냐고 묻는다. 딸이 얼바인에 사는데 혼자 간다는 게 약간은 부담이 된다고 하였더니 자기도 얼바인 간다고 한다. 은근히 반가워서 혹시 교회에 다니는지 물었다. 즉시 성당에 다닌다고 한다. 안 다닌다고 하면 전도하는 말을 할까 봐서 말막음으로 빠른 대답을 하였다고 한다. 나는 성당에 다닌다고 하는 그 말이 어찌나 반가운지 그곳에는 한국 성당이 몇 군데나 되는지 물었다. 한 군데밖에 없다는 말에 혼자 가야 되는 부담감에서 이미 벗어났다. 딸 이름을 알려주었더니 전화를 걸고 있다.

"내가 지금 누구하고 있게?~" 한다.

나는 카톡 문자를 넣었다.

'유진아! 공항에서 성당에서 예쁜이 데레사라고 불린다는 분을 만났다. 같은 비행기 타고 가니까 든든하다. 걱정하지 마라. 하느님의 안배라는 생각이 든다.'

'아! 우와~ 놀랍다. 조심히 오세요. 넘 좋으신 자매님을 옆에 딱 앉혀주셨네요.'

'하느님, 감사합니다. 이렇게 좋은 분을 동행하게 해주시니 감사할 뿐입니다.' 마침 내가 앉은 좌석 가운데가 비어 있다. 누군가와 바꿔 달라는 부탁도 필요 없이 옆으로 와서 이야기도 나누며 동행을 하였다. 하느님께 감사!

그런데 정작 입국할 때는 그분은 미국 여권 소지자라 내국인 쪽으로 가서 도움을 못 받았다. 길고도 긴 줄을 서서 기다리는데, 옆에 한국 여자가 은근히 부담 주는 말을 한다. 미국을 자주 왔다 갔다 하는 사람인 것 같았다. 대답을 잘못하면 입국이 어렵다고 한다. 실제로 인터뷰하다가 뒤로 밀려나는 사람들이 보인다. 하지만 할머니한테 심하게 할 일이 뭐가 있을까 싶은 게 걱정이 안 되었다.

그런데 안검하수증 수술 때문에 내 얼굴 인상이 변해 있어서 내가 보아도 내가 아닌 것처럼 보인다. 10여 년 전에 눈가가 얼마나 처졌는지, 눈이 무거워 성당에서 미사를 드릴 때는 아예 눈을 감고 있었다. 손자가 서너 살 때인데 좀 쉬려고 안경을 벗으면 누워서 우유를 먹고 있다가도 우유병을 쑥 빼고 "할머니! 안경 써, 안경 써." 하며 안경을 못 벗게 한다. 매번 이런 상황이 벌어져서 왜 그러는지 물었다. 할머니 눈이 무섭다고 말할 줄 알았다. 그랬는데, 뜻밖에도 "할머니 눈 아파서 안 돼, 안경 써." 한다.

'그래도 내 짐작으로는 안경을 벗으면 처진 눈이 무서워 보이나?' 하는 마음도 들고 나 역시도 힘들어서 작심하고 눈 수술을 하기로 하였다. 진찰을 한 의사가 아예 쌍꺼풀 수술을 하라고 한다. 나는 당치도 않은 말처럼 들려서 "아닙니다. 저는 쌍꺼풀 수술을 하려고 온 게 아니에요. 눈 위 처진 곳만 올려주세요."라며 거절했다.

그때 쌍꺼풀 수술을 했어야 했다. 그래도 10여 년은 잘 지냈다. 그런데 또 처지기 시작한다. 마침 안과에서 안검하수증 수술을 하는데도 보험이 적용되어 비용도 적게 든다고 하였다. 그것이 또 잘못된 판단이었다.

"성형외과에서 했어야지요."

만나는 사람마다 한마디씩 한다. 수술한 지 일 년이 넘었는데도 쌍꺼풀 수술한 자리가 수통맞은 게 인상이 무섭다. 보는 사람마다 못 알아보고 누구냐고 묻는다. 이럴 때마다 "오! 마이 갓!"이 외쳐지지만 이렇게라도 제대로 눈을 뜨고 볼 수 있으니 얼마나 다행인지 모른다. 우리 어머니는 이런 수술도 못 받고 눈을 감고 몇 년을 사신 걸 생각하면 지금도 가슴이 아파온다. 요즘은 의술이 발달해서 눈도, 치아도 다 고치고 사니 백세를 산다는 말이 나올 법도 하다.

이런 상황이니 부스 안에서 체크를 하던 사무원이 여권을 보고, 나를 보고 비교를 하다가, 의문이 드는지 안경을 벗어보라고 한다. 겁이 덜컥 났다. 여권 속의 사람과 다르다고 하면 어쩌나? 안경을 벗었다. 한참을 대조하더니 여권을 돌려준다. 얼마나 감사한지 '하느님, 감사합니다.' 하며 다시 잡히기라도 하듯이 재빠르게 나왔다.

가방을 찾아서 카트에 실었는데 그때서야 데레사 자매님이 나타나서 "입국심사를 잘 받으셨네요." 하며 웃는다. 인천공항에서부터 같이 동행한 자체만으로도 얼마나 든든했는지 감사할 뿐이다.

마중 나온 딸과 집에 오면서, 어디가 제일 가 보고 싶으냐고 묻기에 "여기저기 다닐 필요 없어. 있는 동안 이곳에 사는 사람들의 생활이나 마을 분위기가 어떠한지 살펴보면 된다."고 말했다. 그랬더니 캘리포니아 미션 성당에 다니자고 한다. 캘리포니아 미션?

18세기경에 미국 샌디에이고에서 샌프란시스코에 이르는 650마일 해안지역을 따라 세워진 미션 성당 21곳을 말한다고 한다. 스페인이 미국을 식민지화 하려는 때에 프란체스코 수도회 신부님들을 현지에 파견해 인디언들을 복음의 세계로 이끌려는 노력을 펼치면서 세워진 성당들이다.

외손녀가 산타바바라 대학교에 재학 중이어서 일단 선영이부터 만나러 갔다. 얼바인에서 2시간 반이나 걸려서 도착하였는데 성당 문이 닫히기 전에 산타바바라 미션 성당부터 가 보기로 하였다. 마침 미사가 끝난 시간이라 사람들이 여기저기 모여서 담소를 나눈다. 넓은 마당 한쪽에는 생전 처음 보는 후추나무가 열매를 주렁주렁 매단 채 서 있는 게 신기하였다.

230여 년 전에 지어진 성당이라 그런지 아담하게 지어졌다. 그 후에 방문한 10곳의 성당들의 모양이 크기만 조금씩 다를 뿐 거의가 똑같다. 특히 높이 세워진 종탑에 종이 무려 6개가 설치된 곳도 있다. 시간을 맞춰 미사를 보러 간 성당에서는 타종도 하여서 어릴 때 강당에서 치던 종소리가 들리는 듯하다. 하루에 세 번씩 들으며 살던 추억이 아련하게 되살아난다.

화려하진 않지만 아담하게 지어진 성당들이 평화롭다. 엄동설한인 우리나라를 떠나와서 만난 온갖 꽃들로 가꿔진 정원들도 아름답다. 특히 하얀 장미꽃들이 가는 곳마다 만발하여서 행복한 여행이 되었다. 하지만 선교를 위해서 고생하시던 신부님들의 흔적이 보여서 마음이 아프다. 협소한 침대며 작은 식탁들을 보며 얼마나 고생을 하며 사셨을지 짐작이 가고도 남는다. 천주교 박해 시절 우리나라에 오셔서 순교하신 신부님들만큼이나 선교에 힘을 다하신 듯하다. 그 당시 침략자로 생각한 인디언들과도 마찰이 심했다고 한다.

그 후에도 산타바바라에 가서 이틀을 자며 주위에 미션 성당들을 방문하였다. 선영이가 영어가 짧은 엄마를 위해서 가이드

노릇을 제대로 한다. 우리 선영이는 몸매가 완전히 미국 스타일로 변해 있었다. 그 모습이 어찌나 멋있는지 미국 스타처럼 보여서 웃음이 났다. 알바를 하며 학업에도 최선을 다하는 모습이 장하다.

대학교 안에서 볼 수 있었던 바다! 그곳에서 맞이한 붉게 물든 석양과 야트막한 넓은 언덕을 온통 보라색 꽃으로 덮었던 장면이 지금도 사진을 보는 듯 아름답게 다가온다. 하도 아름다워서 운전할 때면 늘 부르고 다니는 '주 하느님, 지으신 모든 세계, 내 마음속에 그리어 볼 때~' 이 성가가 새삼 읊조려졌다.

이번 여행에서 더 감동으로 느낀 점이 있다. 미션 성당들의 이름은 물론이지만 모든 도로의 표지판이 다 가톨릭 성인성녀들의 이름으로 되어있다. 그 옛날 스페인 신부님들이 지으셨을까? 어디쯤이었는지 앞에 걸린 표지판에 '산타모니카'라는 지명이 나타났을 때 신선한 충격이었다. 내 세례명이 앞에 턱하니 걸려 있어서 특히 더 그랬다.

지금까지는 그냥 지명으로만 알고 있던 샌프란시스코(성 프란시스코)나, 산타루치아(성녀 루시아)처럼 '샌'이 앞에 오면 성인이고 '산타'가 앞에 붙으면 성녀이다. 산타바바라, 산타마리아, 산타로사, 산타안나 등 수없이 많았다. 성인들의 이름으로 지어진 지명은 더 많았다. 샌디에이고, 산이시도르, 산호세, 산클레멘토 등 다 헤아릴 수가 없다. 미션 성당을 다니며 만났던 성인 성녀들의 지명이 얼마나 은혜롭게 느껴지던지 표지판을 만날 적마다 감사한 생각이 들었다. 내가 다녔던 곳에서 만났던 성인들의 이름만도 30여 명이 넘었다. 샌프란시스코까지 갔다면 성인 성녀들의 이름이 얼마나 더 많았을지, 시간이 없어서 다 방문하지 못한 것이 조금은 아쉽다. 미국이란 나라가 왜 축복을 받고 사는지 알 것 같다. 대통령에 당선되면, 성경에 손을 얹고 선서를 하는 모습에서도 신의 가호가 함께하는 나라인 것을 느꼈었다.

이번 여행에서 짬이 날 적마다 나를 태우고 다니며 수고한 딸과 몇 군데지만 시간을 내서 동행한 손녀딸 가브리엘라와 같이 다닌 미션 성당들이 어느 장소들보다 축복의 일정들이었다.

어릴 때 떠났지만 이미 숙녀가 되어서 걸음도 잘 걷지 못하는 할머니를 LA 다운타운 등 여러 곳을 다니며 안내해 주느라 고생한 가브리엘라와의 여행도, 사위가 쉬는 일요일에 기차를 타고 갔던 해변을 끼고 있는 시골 마을도 밤 야경이 근사했던 디즈니랜드도 추억 속으로 묻혀간다.

하느님께 감사!

우리집 옥상에서의 해맞이

여름방학에 시간이 없어서 못 온다는 손자를 만나러 갔다.

옛날 같으면 방학만 되면 너 나 할 것 없이 시골에 사는 할머니 댁에 가는 것이 기다려지는 행사였다. 우리 아이들이 어릴 때는 나까지 방학을 기다렸다. 시골에 갈 일들이 즐거웠기 때문이다. 고향의 부모님들도 애인 기다리듯, 손자들이 오기를 손꼽아 기다리셨다. 시절이 이상하게 돌아가다 보니 학원이란 굴레에 묶여 할머니 댁에 가는 여행도 없어지고 있다. 방학에 시간이 안 된다는 말이 낯설게 들렸는데 평일은 물론 주말에도 못 온다는 말이 이해가 안 되었었다. 학원이 주말이라고 강의를 안 하면 그 학원은 문을 닫아야 한단다.

서진 아비는 학원 문턱도 안 가 보고 학업을 마쳤다. 초등학교 5학년이 되었을 때 과외공부 금지법이 생겼다.

일설로는 전두환 대통령이 아들 과외 공부를 안 시키려고 과외를 금지시켰다고 하였다. 참 잘 되었다고 좋아하였다. 누구나 과외를 안 하리라고 생각하였다.

그런데 과외가 금지되니 비밀 장소에서 몇몇씩 모여서 과외를 한다. 그게 더 심각한 폐단이었다. 아들이 중학교 2학년이 되었을 때 부족한 과목이 있기에 한 과목만이라도 학원 강의를 들으면 어떨까 물으니, "엄마, 학원에 다니면 큰일 나요. 선생님이 절대 다니면 안 된다고 했어요." 한다. 그런 연유로 과외나 학원에 안 다니고 학업을 마쳤다. 너무 고지식하게 자학 시절을 보내게 한 것 같아 아쉬움도 남는다. 엄마가 극성맞지 못해서 남들은 몰래몰래 다 하는 과외를 못 시켰다. 첫해 대학입시에 떨어졌다. 그래서 결국은 재수학원에 다녔다. 재수는 필수, 삼수는 선택이라지만 남들처럼 비밀과외를 시켰으면 재수는 안 했을 것 같다. 종로학원에서는 성적표와 아이큐 검사지를 가져와야 등록을 받아준다.

어미가 하소연을 한다. 서진이가 학원비까지 내고 등록을 해 놓아도 꼭 필요한 것만 가고 그 이상은 안 간다고 한다. 그래도 밤 10시에 끝난다고 하였다. 더하려면 12시가 되어서야 집에 온다고 한다. 속으로 손자의 고집이 다행이다 싶었다. 너무 힘든 것 같아서, 서진이의 이유를 들어보니 동서양 위인들의 이름을 열거하며 이렇게 훌륭한 분들이 학원에 다녔느냐며 학원 가기를 거부한다. 어미가 그때는 학원이 없었으니까 안 다녔겠지, 옛날 선비들이 서당이나 향교에서 몇십 년 글공부 한 것이 학원이나 마찬가지라고 설명을 해 주지만, 서진이의 고집을 못 꺾는다.

손자가 설날에 왔을 때이다. 우리 집 옥상에서도 해 뜨는 모양을 볼 수가 있을 것 같아서 손자와 같이 올라갔다. 혼자 올라가는 게 부담이 되어서 마음뿐이었다. 어두워서 할머니 혼자는 옥상에 못 올라간다고 하였더니 눈을 비비고 일어나서 같이 올라가 준다. 어려서는 비서 노릇을 했는데, 중학생이 되니 이젠 보디가드처럼 든든하다.

떠오르는 순간을 놓칠까 봐 유심히 보고 있었다. 찰나에 빨간 공처럼 퐁 솟아오른다. 1초라도 한눈을 팔았다면 그 장면을 놓치고 말았을 것이다. 서진이가 연속으로 몇 컷을 찍었다. 멀리서 솟는 해를 폰으로 찍어서 흐리지만, 층계만 몇 개 올라가서 볼 수 있다는 게 감사할 뿐이다. 할머니는 너희 엄마 건강하게 해 달라고 소원을 빌었는데, 너는 무슨 소원을 빌었느냐고 물으니 웃으며 학원 많이 안 다니게 해 달라고 빌었단다. 공부하는 게 어깨가 너무 무거운 듯싶어서 안타깝다.

어미에게 서진이가 설날에 해돋이를 보며 학원 많이 안 다니게 해달라고 소원을 빌었다고 했더니 "10시까지만 다니니 소원이 이뤄졌네." 하며 웃는다.

5년 전 8월에 이사를 하였었다. 그 후에 서울을 가려고 새벽에 출발하였다. 주택들을 벗어나 큰길로 나왔다. 순간 차창으로 함지박만 한 해가 떠오르는 광경이 보인다. 얼마나 놀랍고 경이

로운지 차 밖으로 나와서 보고 또 보았다. 여러 곳에서 해돋이를 경험하였다. 하지만 부여 우리 마을에서 양팔로 안을 수도 없이 큰 해맞이를 하리라곤 상상도 못했다. 평생 잊지 못할 장면이었다. 설날 새벽에도 그런 해를 상상하며 올라갔었다. 그런데 축구공만 한 해가 솟았을 뿐이다. 장소가 먼저 보았던 곳이 아니라서 그럴까? 고개가 갸우뚱해진다.

"서진아! 이상하다. 할머니가 몇 년 전에 보았던 해는 두 팔로 안을 수도 없이 크게 보였었어." 하자, "아마 계절에 따라서 크기가 다를 거예요." 한다. "그런 거야? 그럼 여름에 한번 올라가 볼게" 하였는데 9월이 다 가도록 못 보고 있다. 추석에 손자를 또 만났지만, 보름날 새벽엔 날씨가 흐려서 시도조차 못하였다. 어둑한 새벽에 깨우기가 안쓰러웠는데 차라리 잘 되었다는 생각도 들었다.

2012년, 부여에서 본 여름의 해맞이는 평생 잊지 못한다. 가슴에 한 컷 사진으로 남아 있다. 영원히 퇴색하지 않는 영상으로.

하느님께 감사!!

2016. 9.

본당 신부님

40여 년이나 다니던 성당을 떠나와 부여에서 지낸 지도 1년이 넘었다. 그동안 전원(錢源) 신부님이 하늘나라에 간 어린 천사 라파엘을 두고 어딜 가느냐고 하여서 선뜻 떠나올 수가 없어서 교적을 옮기지 못했다. 그리고 더 큰 이유는 전대사 기간이라 성지미사를 다니느라고 미뤘었다. 많은 영혼들에게 전대사를 봉헌해 드렸다.

우연히도 약속이나 한 듯이 인천에 살던 대자부부가 같이 이사를 왔다. 라파엘이 아플 때 1년을 한결같이 기도를 해 주었는데 라파엘이 할머니, 할아버지 외롭지 말라고 같이 이사 올 수 있도록 도와준 것만 같다. 며칠 사이로 집을 사고, 앞서거니 뒤서거니 이사를 하였다. 이런 일이 있다는 게 꿈만 같아서 아가다와 만날 적마다 이게 그냥 우연히 일어난 것이 아니고 라파엘에게 해 주었던 기도를 통해서 하느님이 도와주신 것 같다고 이야기를 한다. 우린 특히 대자부부가 있어서 얼마나 든든한지 모른다.

이사는 같이 왔어도 아가다가 사는 곳은 논산이 가깝다. 아가다가 논산에 있는 성당으로 교적을 옮기고 같이 다니자고 한다. 그런데 나는 행정구역인 부여성당으로 가야지 기타 구역은 싫다고 하였다. 부여로 이사 왔으면 부여성당으로 다니는 게 좋겠다고 하였다.

이젠 교적을 옮겨도 될 시점이 되었다. 부여로 교적을 옮기던 날 미사에서 본당 신부님 강론 말씀이 얼마나 좋은지 부여성당으로 옮기길 잘했다는 생각이 많이 들었다. 성가정 축일이었는데 부부, 특히 남자, 여자의 다른 점에 대해서 명쾌하게 정의를 내려주신다. 자녀들에게도 완벽을 요구하지 말고 실수할 권리를 주라는 말씀에 공감이 되었다. 실수를 해 봐야 같은 실수를 안 하게 된다고 하며 실수를 많이 해 본 사람이 세상을 더 지혜롭게 살아갈 수 있다고 한다. 나도 그렇게 자녀를 키우고 싶지만 기회가 이미 없고, 젊은 부모들에겐 많은 도움이 되리라 확신한다.

부여성당에 처음 갈 때 한마을에 사는 말가리다 자매님과 같이 갔다. 그때 마침 정구사 신부님 등이 박근혜 대통령을 대통령이 아니라고 퇴진미사를 할 때여서, 부여성당 신부님도 시국미사나 촛불 집회를 옹호하느냐고 물으니 아니라고 한다. 만일 그렇다고 하면 교적은 그대로 두고 성지미사나 다녀야지 하는 생각까지 하였다. 그랬는데 박남규 신부님의 강론이 명쾌하고 신자들

대하는 모습이 너무나 부드럽다. 뵙지는 못했지만 부모님이 신부 아드님을 훌륭하게 키우셨다는 생각에 존경스러워진다. 강론 중에 실없는 웃음이 아닌, 엔도르핀이 나올 정도로 기쁜 웃음이 나왔다. 부임하신 지 이미 1년이 되었다고 한다. 그래도 4년 동안은 본당 신부님의 강론을 들으며 행복한 마음으로 성당에 다닐 수 있겠구나 싶어 다행이다.

그동안에 본당 신부님들을 많이 만났다. 행복한 마음으로 다닐 수 있게 해주신 신부님들도 계시고 그렇지 않은 신부님들도 있다. 특히 시국 발언을 하는 신부님들이 계실 때는 머리가 아팠다. 그런 본당 신부님들 때문에 과감하게 냉담을 하거나, 다른 본당으로 가는 신자들을 볼 때마다 안타까웠다. 우리가 신앙생활을 하는 것이 신부님을 보고 다니는 게 아니고, 하느님과의 만남이니 5년만 참고 지내라고 말해 보지만 머리를 절레절레 흔들며 떠나갔다. 더 다니다가는 신부 미워한 죄만 짓는다고, 대부분의 신자들은 착해서, 또는 신부님들이 하느님의 대리자로서 좋은 면들이 더 많으니까 참고 지냈을 뿐이다. 그래도 그동안 참 힘든 날들이었다.

외인들을 만날 때도 천주교 신자라는 이유로 많이 힘들었다. 심한 말들도 많이 들었다. “신부라는 X들이 하는 짓거리 하고는….” 하며 막말을 할 때에는 마음이 아파서 변명을 많이 해 드렸다. 바른말을 하실 분들은 신부님들밖에 없다고, 그분들이 아니면 누가 바른말을 하느냐고 변명을 해 드렸지만 지금이 어느 때인데 시국발언이냐며 사사건건 몰려다니며 반대만 하고 데모 선동만 하고 다니니 저런 것들이 무슨 천주교 신부냐고 욕을 할 때면 소견이 짧아서인지 할 말을 잃는다. 북한만 이롭게 하고 체제를 부정하려는 저런 X들이 있는 한은 우리나라는 온전한 대한민국이 어렵다며 화를 냈다.

나도 이런 생각이 늘 들었다. 모든 곳에는 항상 서로 다른 생각을 가진 사람들이 있는데 일방적인 생각만을 강론 주제로 삼지 말았으면 얼마나 좋을까? 다 나름대로 생각이 있는 신자들인데 무조건 신부님의 생각대로 강론을 하면 안 된다는 말씀을 드리고 싶었다. 그동안 그런 강론을 듣고 사느라고 지나온 세월이 힘들었다. 또 그런 경우가 되면 과감하게 성당을 옮길 것 같다. 어느 본당이건 그런 시국강론 좋아하는 50%의 신자들도 있을 것이고, 또 듣기 싫어하는 50%의 신자들도 있는데 늘 일방적으로 강론을 하면 안 되는 일인 걸 왜 모르시는지, 치우치지 않는 강론을 하면 신자들 거의가 행복해질 것 같다. 정치적으로 또는 데모를 선동하는 것처럼 보여서 늘 안타까웠다. 하느님의 대리자로서 온유하고 눈빛이 선한 목자이기를 기도하게 된다.

부여로 이사 와서 부여성당에 다니는 것이 너무나 잘한 일인 것 같다. 어린 천사 라파엘이 이 한적한 곳으로 옮기도록 도와준 것만 같아서 하느님께 감사하고, 하늘나라에 있는 라파엘에게 감사하다.

본당 신부님의 선물

선물은 언제나 기쁨을 준다. 값비싼 것도, 그렇다고 사랑하는 연인한테 받은 것도 아니다. 그런데도 선물을 받은 행복이 크다.

4살 때 엄마 품속에서 외운 기도문을 서양 신부님 앞에서 달달 외워서 세례를 받았다. 눈도, 코도, 큰 신부님이 머리를 쓰다듬어 주며 사탕과 노트를 주셨는데, 그때 처음 선물을 받은 것 같다. 생전 처음 보는 것들이라 오랫동안 간직했었다.

수십 년 동안 성당엘 다녔지만 어버이날 본당 신부님께 모든 교우들이 선물을 받아보기는 부여성당이 처음이다. 3년 전 심하게 넘어져서 절뚝이며 걸어 다녔다. 지팡이를 살 생각도 못하고 기다란 나뭇가지를 집고 다닐 때인데 그해 어버이날 선물이 지팡이였다. 얼마나 요긴하게 사용하였는지 쓸 적마다 신부님께 감사한 마음이 들었었다.

올해도 어김없이 선물을 받았다. 분리수거함도 요긴하게 쓰지만 슬리퍼가 얼마나 발을 따뜻하게 해주는지 왜 이런 것을 진즉에 살 줄을 몰랐을까? 난방을 안 해도 춥지는 않지만 거실 바닥은 아직 차다. 그래서 일어나자마자 양말을 찾아 신는다. 선물로 받은 바닥도 이중으로 된 슬리퍼를 신으니 신을 적마다 좋아서 웃음이 난다.

한국천주교회의 성당에서 어버이날에 교우들에게 선물을 주는 신부님은 부여성당 주임신부님 한 분이실 것 같다. 신부님! 내년 어버이날 선물은 어떤 선물일까 기대가 됩니다. 그러고 보니 작년에는 11월까지 성지 다니느라 어버이날 선물을 못 받았다. 무슨 선물이었을지 새삼 궁금하다.

조카 신부님께도 팁을 드려야 되겠다. 사목하시는 동안 교무금이며 헌금 등을 정성껏 내는 교우들께 어버이날은 꼭 선물을 드리라고 말씀드려야겠다. 교우들이 느끼는 행복이 얼마나 큰지 모른다고, 어버이날은 아들딸한테만 선물을 받는 날인 줄 알았는데, 본당 신부님의 따뜻한 배려가 교우들에게 큰 기쁨을 주니 이미 이 세상에서 행복을 느낀다.

90년대에 워싱턴의 한인 성당에 갔는데 미사가 끝나자 모든 교우들이 식탁에 음식을 차려 놓고 담소를 나누며 식사하는 광경이 신기하기까지 했다. 한국에서는 혼배미사 외에는 못 보았기 때문이다.

2014년, 부여성당 가족이 되었다. 미사 후에 모든 교우들이 같이 식사하는 것을 보며 새삼 미국에 사는 이민 교우들의 기쁜 모습이 떠올랐다. 서울 본당에서는 실행에 옮기지 않는 일을 부여 본당에서 하는 것을 보며 박남규 신부님은 매사에 생각이 앞서시는 분이라는 걸 알게 되었다. 그리고 뭐든지 잘 만드는 목수 같으시다. 교우들에게 여러모로 행복을 주시는 신부님께 감사하다.

한인 성당에서 느낀 것이 또 한 가지가 있다. 신부님 성함은 잊었는데 신부님의 사목방침이 마음에 와닿았었다. 사목위원들의 임기가 끝나서 새 임원진을 뽑을 때 열심 하지 않은 교우들로 회장단을 구성한다고 하셨다. 이 핑계, 저 핑계로 성당을 멀리하는 교우들에게 책임을 지워주면 임기가 끝나고 나면 열심인 신자로 탈바꿈된다고 하셨다. 슬기롭게 사목을 하신다는 생각이 들었었다.

모든 게 다 하느님의 사랑 안에서 이루어지는 일임을 알게 된다.

'하느님, 감사합니다. 찬미 받으소서.'

행복해지는 독후감 후기 글들

첫 수필집 『까치가 다시 올까』를 출간하고 지인들에게 책을 보내드렸다.

외손자 아플 때 이야기들이라 송구한데 마음을 다 헤아려 주시고 위로해 주심에 감사한 마음뿐이었다. 정성 어린 독후감 글들이 카톡 카톡 들어온다. 분에 넘치는 후기 글을 읽으며 행복해진다.

부족한 제 글을 읽으신 분들이 보내주신 귀한 글들을 간직하고 싶어서 남기게 된다.

아주 많지만 다 적을 수가 없어서 일부만 옮겼다.

지난해 지인 몇 분의 초청으로 참석한 사비문학회 송년회에서 무심결에 받아 온 책 중에서 오늘 읽은 서 작가님의 글이 제 마음을 젖게 하였습니다. 살면서 느끼는 아름다운 생각을 이렇게 표현할 수도 있는 분이 멀지 않은 곳에 사신다는 사실에 제가 부여로 귀촌하길 잘했구나 생각하였습니다. 성당에 다니지는 않지만 진한 설교를 들은 것 같아서 마음이 행복합니다.

…•…

풋내기 신자나, 저처럼 열심 하지 않은 신자들에게 좋은 지침서가 될 것 같아요. 감사합니다. 수필집 출간하신 것 다시 한번 축하드리고 더 좋은 글 많이 쓰셔요. 두 번째 수필집 기대할게요. 항상 건강 챙기시면서….

우편함에서 방금 찾아와서 아직 많이 읽지는 않았지만 글이 가슴에 와닿습니다.

제가 아는 내용도 있고 무엇보다 신앙생활을 게을리하는 저 자신을 반성하게 합니다. 차근차근 읽어보고 따뜻한 마음 가져보도록 노력하고, 고모님의 절반만큼이라도 기도할 수 있도록 노력해봐야겠어요.

…•…

너무 놀라 말이 안 나오네요.
감동 또 감동입니다. 축하드리고
노력도 안 하면서 많이 부럽습니다.
건강하시길~
가까이에 훌륭하고 멋진 분이 계셔서
감사하고 자랑스럽습니다. 축복합니다.
잘 읽겠습니다.

…•…

쌤
출판 축하드립니다!
연태에 갔다 돌아와 보니 쌤이 보내신 수필집이 와 있네요.
후딱 몇 편 읽어보고 문자 드려요.
언제 그렇게 많은 글 쓰셨어요?
쌤의 향기가 곳곳에 묻어있네요.
바르고 따뜻한 향기~
뵙고 싶어요.

…•…

쌤!
축하드립니다.

어제 책 받고 내 마음이 뭉클했어요.
우리가 공부 시작한 지
엊그제 같은데 벌써 책도 내시고
우리 생애 또 하나의 쉼표를 찍네요.
잘하셨어요. 오늘부터 천천히 읽어볼게요.
다시 한번 축하드립니다.

…•…

서달희 수필가님!
여행에서 돌아와 까치~를 가슴에 안아 보았습니다.
그리고 선생님의 기도하시는 모습을 그려봅니다.
진한 사랑, 선생님만이 그려낼 수 있는 사연들이
웃음 짓게 합니다. 역시 경원이는 영원한 손자구요.
축하드립니다.

…•…

선생님!
까치를 다시 만나셨나요?
도시에선 상상도 못 할 일이잖아요.
책을 읽으며 선생님의 인생 속에서

깊이 있는 여행을 하였습니다.
존경합니다. 참으로 감사합니다.
쉽게 읽을 수 있기에 독자들은 더욱 감사할 것이고
저 또한 토요일 저녁에 단숨에 읽었습니다.
저를 기억해 주시고 베풀어 주심에 감사드립니다.
애틋하고 애잔한 서 여사님의 글 끝까지 잘 보았습니다.
감사합니다.
어느 유명한 수필집보다 더 마음속에 담겨진 것 같습니다.
두 내외분 항상 건강하시길 바랍니다.

…•…

제가 책을 많이 읽지는 않지만
모니카님 글은 너무 재밌어서 블로그에 한 번 들어가면
계속 읽게 되더라구요.
어쩌다 양치하면서 잠깐 방문했다가 한참을 글을 읽고
나오곤 합니다.
오늘 반가운 수필집을 받았어요!
모니카님 사진을 보며 저 혼자 반가워하며
블로그에서 이미 읽은 내용도 많지만 좋은 태교에 한몫할

것 같아요.
감사합니다.

…•…

서달희 모니카님께
진심으로 축하드립니다.
인보성체 수도회 가족이었다는 사실에 감등!
어쩌면 그리도 꼼꼼히 기록하셨는지?
그 삶의 태도에 또 한 번 감동!
떠나기 전 다 읽고 제 삶을 돌아보며 많이 반성했답니다.
기도와 감사의 삶에 또, 또 감동!
한 여성의 지혜로움이 얼마나 많은 사람을 감동시키는지를
제가 머물고 있는 곳이 바로 다녀가신 '요한의 집' 옆이지요.
저는 아날로그 세대를 살고 있어, 많이 뒤처지고 궁상을 떨며 지내고 있어,
왜 막혀있어 글을 퍼갈 수 없는지도 이해가 안 되지요.
이제야 전화기를 바꾸는데 핸드폰이 단종이라 스마트폰
흉내를 낸 걸로 했는데도 이제 감이 좀 오네요.
모레 비가 온다는 일기예보 때문인지 오늘은 창밖 햇살이

봄이 온 느낌입니다.

저는 아날로그 세대로 살고 싶어 방에서 TV를 들어낸 지가 15년째네요. 참 편하고 좋아요. TV 없이 冊(책) 3권을 낼 수 있었으니 하나를 버리고 셋을 얻은 셈이지요.

내일은 이른 아침 7시에 출발해 광화문 씨네큐브에서 영화 3편을 보고, 일 한 건 처리하고 늦게 귀가할 예정입니다.

책과 영화와 일, 이 셋이 너무도 좋은 제 친구랍니다.

못다 풀어낸 이야기 많으실 테니 계속 우리를 감동과 각성의 글 바다에 풍덩 빠질 수 있게 해 주시길 기대합니다.

저는 아직 블로그 열 생각조차 못하고 있네요. 새해에는 좀 도약하는 삶을 살 수 있었으면 하는데~

아날로그 세대인 저에게 맞추려 마시고 성큼성큼 앞으로 나가셔요.

저처럼 글(손) 편지 쓰지 마시고 축하드리는 제 마음 받아주시면 감사! 감사!!

시골 삶 즐기시고 좋은 꿈꾸시길.

···•···

보내준 책 정말 잘 읽었어요.

깊은 신심으로 아픔을 잘 이겨낸 모니카
이쁘고 자랑스러워요.
모니카의 하느님을 향한 사랑과 감사의 마음을
진솔하게 표현하며 쓴 내용에 큰 감동으로
나를 돌아보게 되는 계기가 되었음을 고맙게 생각해요.
느끼고 배우는 점 많았어요.
장해요, 모니카.

…•…

까치가 다시 올까
참 신앙인의 모범 답안 수필을 며칠에 걸쳐 읽었습니다.
까치가 다시 올까? 다시 오고말고
창문을 열고 마음 문 열면 두 마리 까치가 저기 있는 걸
부리를 비비며 한 몸처럼 어우러져 덩실덩실 춤추는 걸

– 임동후

…•…

대설 앞두고 내리는 이 폭설은
길을 나선 찬바람을 포근하게 감싸주고
피로에 지쳐 나뒹구는 낙엽들을 나무 아래 다시 모아
조곤조곤 옛이야기 나누며 서로 안고 조용히 쉬게 합니다.

머리 흰 나이에 나는 까마귀의 대부가 자주 되어 줍니다.
하얀 눈밭에서 먹을 걸 찾는 비둘기의 대부도 되어 보다
이웃들에게 핀잔을 받기도 하지만 상관없습니다.
그들이 다 굶어죽으면 다시는 핀잔을 받을 수 없습니다.

모두가 이 세상에 와서 저마다의 방식대로 자라고 짝을
만나서 알을 부화시키며 오순도순 한 생 살다가는 거지요.
오늘밤에 꿈을 꾸면 쌀붕어가 치마폭 가득 놀러올 테고
감나무 가지에 까치 부부가 새벽을 하얗게 칠할 겁니다.

하얀 도화지에 그려진 그림도 세월이 흐르면 빛을 바래고
어느 나무도 자라다 보면 옹이가 생길 수밖에 없습니다.
긴 평생이라지만 우리 인간 백 년 점하나 찍고 가는 인생
추억의 까치가 올 날을 우리 기다립시다. 참 신앙인으로.

– 詩人. 作詞家. 劇作家. 2015.12.4

하느님께 대한 사랑과 의탁, 영혼들을 구하려는
열망과 희생 모든 이의 귀감이 됩니다.
많은 사람들이 형님의 깊은 신앙을 본받는

좋은 기회가 되고, 하느님께서 모니카 형님과 가정에
크신 축복 내려주시길 기원합니다.
형님 글 또 기대합니다.
물 흐르듯 형님께서 제 옆에 앉아 도란도란 이야기를 하는 듯 생활 주변의 일이나 신앙생활을 전해주시니 신앙적으로도 많은 도움이 되고 좀 더 주님께로 다가가야겠다는 다짐도 하게 된답니다.

…•…

감사합니다.
라파엘, 평생 가슴에 안고 가지요.
그 고통과 그리움의 신비가 지금은 희미하지만
그때 가서는 얼굴을 맞대고 보듯
선명하게 드러날 것입니다.

…•…

모니카 선생님
『까치가 다시 올까』를 잘 받아 열심히 읽고 있습니다.
천사 라파엘에 대한 할머니의 사랑에 눈물이 납니다.
그 애절한 마음들을 수필문학으로 승화시킨 선생님의 노고에 박수를 보냅니다.

몇 편은 이미 읽었던 글이어서 더 반가웠습니다.
서울 오시게 되면 연락 주십시오. 시간이 맞으면
따뜻한 점심이라도 나누게….
건강하시고 행복한 나날이 되시기 바랍니다.

…●…

고모 수필집 잘 받았어요.
첫 줄만 읽고도 눈물이 얼마나 흐르던지….
라파엘 얘기는 읽지도 못하고 중단했어요.
다행히 오늘이 쉬는 날이라 눈물 참지 않고
천사 경원이를 위해 기도했어요.
고모의 글은 꾸밈없는 진솔한 삶의 향기가 느껴지는
글임을 금방 느껴요.
더군다나 저는 알고 있는 우리 집안의 이야기니 더욱 그렇죠.
할머니, 할아버지 생각도 나고 어릴 때 고모 댁에 가면
가족 모두 모여 기도했던 시절~ 옛 생각에 잠기게 되네요.
타국에 와 있는 저는 고향이 넘 그립네요.
그래도 미국에 와서 진실로 주님을 알고 저희 부부를 영적으로 이끌어 주시는

어떤 분을 만나 영적으로 많이 성장하고 있어요.

다 읽고 그분께도 보여드려야지 생각하고 있어요. 엄청 공감할 것 같아요.

항상 기도와 함께 성가정을 이루고 사시는 고모가 어릴 때부터 부럽고 자랑스러웠어요.

글을 읽으면서 모든 게 새록새록 떠오르네요.

라파엘 부분은 잠시 건너뛰고 마저 읽어야겠어요.

오늘 저녁 식사 초대가 있는데 눈이 퉁퉁 부었어요.

형수씨가 퇴근해 와서는 눈이 왜 그러냐고 놀라네요. 또 얘기하면서 울~

어릴 때부터 울보란 별명이 있었죠. 나이 먹으니 더 울보가 됐어요.

고모, 옛 생각에 잠기게 해 주셔서 감사해요.

고모, 오래도록 건강하셔야 돼요. 나이는 숫자에 불과하죠.

아직 기약은 없지만 제가 한국에 갈 때까지 만이라도.

고모도 보고 싶고~ 행복하셔야 돼요.

(라파엘 하늘나라 간 날 옆방에서 펑펑 우느라고 연도도 못하던 너를 위로하던 때가 벌써 9년이나 흘렀다. 저녁 초대 잘 다녀와.)

ML. 60
CP. 2½
TS. 36

이분이 네 어머니시다

2024년 4월 25일 초판 인쇄
2024년 4월 30일 초판 발행

지은이 / 서달희

발행인 / 강병욱
발행처 / 도서출판 교음사

03147 서울 종로구 삼일대로 457 수운회관 1308호
Tel (02) 737-7081, 739-7879(Fax)
e-mail : gyoeum@daum.net
등록 / 제2007-000052호

* 잘못된 책은 바꿔 드립니다. 값 13,000원

ISBN 978-89-7814-982-2 03810